UM CARRASCO IMPACIENTE

Título original:
The Urgent Hangman

Autor:
Peter Cheyney

Tradução:
Lígia Guterres

Revisão:
Manuel Afonso (Almedina) e Joana Baudouin

Capa:
Susana Villar

ISBN:
978-989-9159-68-6

Depósito Legal nº ....

Paginação:
João Jegundo

Impressão e acabamento:
???????
para
MINOTAURO
janeiro de 2024

MINOTAURO, uma chancela de Edições Almedina, S.A.
Avenida Emídio Navarro, 81, 3D - 3000-151 Coimbra – Portugal

UM CARRASCO IMPACIENTE

PETER CHEYNEY

MINOTAURO

Capítulo 1
Apresentando Callaghan

Callaghan virou a esquina para Chancery Lane. Atingiu-o uma lufada de vento frio que lhe impeliu para trás as abas do impermeável não muito limpo, fazendo com que a chuva atravessasse o tecido gasto das calças.

Callaghan era magro, tinha pouco mais de um metro e setenta, dispunha apenas de uns tostões no bolso e de uma tosse de grande fumador. Os braços eram um tanto longos demais para a altura e o seu rosto era surpreendente.

Tinha aquele género de cara que se olha duas vezes por se pensar ter havido engano à primeira vista. Os olhos, bastante afastados um do outro acima de um nariz cumprido, muito fino, eram de um tom azul-turquesa e poucas vezes pestanejavam. A face longa terminava num queixo pontiagudo. Apresentava-se bem barbeado e as mulheres apreciavam-lhe o formato da boca por motivos que só elas conheciam.

Salvo no que dizia respeito ao rosto, Callaghan assemelhava-se a qualquer outro habitante londrino. O seu vestuário era vulgar, mas decente, o calçado de má qualidade e um dos sapatos necessitava de conserto. Mas Callaghan não prestava atenção a tais ninharias; nesse instante, preocupava-o o pagamento da renda do escritório. A chuva ensopara-lhe a aba do chapéu preto, desenhando-lhe um aro de humidade na testa. Sob o chapéu, o cabelo negro, espesso e em desalinho, estava molhado. Ao virar a esquina, um autocarro que descrevia a curva vindo de Holbom lançou-lhe sobre os sapatos um jato de água lamacenta.

Caminhou com rapidez, ao abrigo do edifício da Casa Forte, no lado esquerdo de Chancery Lane. Apalpou a algibeira do impermeável à procura do maço de *Player's*, pegou nele, constatou que estava vazio e deitou-o fora. Praguejou em voz baixa, de modo fluente e metódico, como se as palavras contivessem intencionalidade, extraindo delas o seu inteiro significado e sentindo-se satisfeito ao pensar num vocábulo ainda não utilizado.

A meio do caminho de Chancery Lane, voltou para Cursitor Street, percorreu aí uns dezoito metros, virou para uma ruela e dirigiu-se a uma porta. Abriu-a com um pontapé e subiu os degraus que levavam até ao quarto andar.

Parou em frente de uma porta bastante suja com a parte superior em vidro fosco sobre a qual algumas letras pintadas anunciavam: «Callaghan — Investigações Privadas». Deixou de praguejar ao ver a luz acesa dentro do escritório.

Tornou a colocar a chave no bolso esquerdo do impermeável e empurrou a porta com o pé, entrando num gabinete exterior de dimensões médias.

Junto à janela, no lado esquerdo da sala, encontrava-se Effie Perkins, de pé em frente da máquina de escrever. Estava de costas e alisava o cabelo ruivo com os dedos longos, brancos e bem cuidados. Quando se virou, Callaghan lançou-lhe um daqueles seus olhares de alto a baixo que tudo abrangiam, desde os saltos de dez centímetros até à saia apertada e elegante, subindo depois à altura dos olhos verdes quando ela o encarou.

— Por que diabo ainda não foste para casa? — inquiriu Callaghan, consultando o relógio de pulso. — Disse-te que não esperasses. Sábado receberás o teu dinheiro. Vamos, desaparece! Preciso de pensar.

A rapariga sorriu, conseguindo transmitir nesse sorriso uma bem definida dose de animosidade. Dava a impressão de que *Miss* Perkins não gostava de Callaghan talvez por apreciá-lo um pouco mais do que desejaria.

— Pensei que quisesses que esperasse, Slim — replicou. — Pelo menos até estares de volta. Falei com a Mellins esta tarde. Diz que irás para a rua se a renda não for paga até sábado. Diz também que ficará muito irritado contigo se tentares algum truque para retirar a mobília. A Mellins fala a sério.

Callaghan pendurou o impermeável no bengaleiro existente na sala de entrada e encaminhou-se para a porta do seu gabinete privativo. Os sapatos chapinhavam sobre o pavimento.

— A Mellins que vá para a o inferno! — praguejou Callaghan num tom de voz duro onde havia certa instabilidade peculiar e não desagradável. — E ficaste tu à espera para me dizer isso! Ou será que te dá gozo? És igual a todas as outras malditas mulheres! Metes uma ideia na cabeça e ficas muito contente pensando que surtirá efeito, mesmo que não te traga nenhum benefício. Vai-te embora, por favor! Se quiseres uma carta de recomendação, direi que és dactilógrafa de primeira, quando aparece alguma coisa para escrever à máquina; que és cem por cento *sexy*, embora não tenhas onde aplicar essa característica, o que muito te deprime; e que és de uma parvoíce cómica se pensas que «Callaghan, Investigações Privadas» vai ao fundo. Enganas-te redondamente. E agora põe-te a andar.

Entrou no gabinete e dirigiu-se à secretária colocada em frente da porta, no meio da sala. Desfez-se do chapéu molhado, sentou-se na cadeira e pôs os pés em cima do tampo da secretária. Examinou com minúcia a sola do sapato esquerdo, na iminência de desprender-se da parte superior. Effie seguira-o até ao gabinete, deixando-se ficar a observá-lo.

— Porque não tomas juízo, Spike? — disse em voz calma. — Neste negócio estás acabado e sabe-lo bem. És um tolo. Tens miolos e energia e podes safar-te. Porque não aceitas o emprego na agência do Grindell? Todas as semanas receberias um sobrescrito com o ordenado.

— É o recebes! — retorquiu Callaghan. — Qual é a ideia de pretenderes que vá trabalhar para esse estafermo do Grindell, hã? Queres que te diga qual é? A ideia é que tu vais trabalhar para ele, não é assim? Sabes há semanas que aqui o balão está prestes a rebentar e pensaste que seria bom teres-me lá também. É essa a ideia luminosa, não é, Perkins? Diz lá.

Com os pés apoiados no tampo, Callaghan observava-a com atenção, à espera de resposta. Effie corou, Callaghan fez uma careta, comentando:

— Foi o que pensei. Continuas à espera de uma alma gémea, Effie? Com acento tónico em alma.

— Apetecia-me bater-te! — exclamou a rapariga. — Não posso nem ver-te! Nunca pude, aliás.

— Que disparate! — replicou Callaghan. — O teu mal é que precisas de te divertir e de brincar um bocado e o patrão tem sempre muito que fazer.

Retirou os pés de sobre o tampo da secretária e prosseguiu:

— E agora a sério. Não ficaste à espera só para falares da Mellins, pois isso já eu sei desde ontem. Alguma coisa se passou. O que foi? Deixa de pensar em ti e no que farias se conseguisses deitar-me a mão e diz o que tens dentro da cabeça. Depois disso, podes sair e ficar por lá. Fiz-me entender?

Effie sorriu. Tinha uma bela dentadura e estava cônscia desse facto. A boca também seria bonita se não tivesse os cantos dos lábios descaídos num trejeito de descontentamento. Os olhos, porém, não sorriam; presos à figura de Callaghan, estavam frios como o gelo. Consultou o relógio de pulso.

— São onze e meia — disse em tom afetado. — E às onze e quinze tínhamos marcado um encontro de negócios. Deveríamos ter aqui um cliente, uma mulher. Alguém passou a tarde inteira a telefonar para ti e, pelo tom empregado, qualquer pessoa imaginaria que és de facto um homem importante.

Callaghan voltou a colocar os pés sobre a secretária e olhou atentamente para ela.

— Então é por isso que te deixaste ficar por cá! — exclamou. — Calculo que quiseste ver quem era. A curiosidade é uma coisa impressionante, não é verdade?

Depois, mudando de tom, perguntou:

— Muito bem, quem era e o que queria?

Effie foi até ao gabinete exterior e regressou com o bloco onde tomava nota dos números telefónicos.

— Um tal Sr. Willie Meraulton telefonou às sete e meia — esclareceu. — Voltou a telefonar às oito, às oito e trinta, às oito e cinquenta e de novo às oito e cinquenta e nove. Ligou outra vez às dez horas e ainda às dez e quarenta e cinco. Disse-lhe que supunha que estarias de volta antes das onze e que te transmitiria o recado. Pareceu-me bastante nervoso e aborrecido. Comunicou-me vir a caminho uma senhora para falar contigo. Teve o cuidado de sublinhar que se tratava de uma senhora.

Effie fez uma ligeira pausa, de apenas uma fração de segundo e olhou o interlocutor com um sorriso claramente maldoso:

— O nome dela é *Miss* Meraulton. O homem disse que ela te contaria tudo quando chegasse.

Callaghan retirou novamente os pés do tampo da secretária e inquiriu:

— Quem me indicou a esse homem?

— O Fingal — esclareceu Effie rasgando a mensagem telefónica e acentuando o sorriso. — Disse que o Fingal lhe dera o teu nome. Portanto, deve tratar-se de um *daqueles* casos, não te parece?

Callaghan franziu o nariz.

— E supondo que seja um *daqueles* casos, minha tola? — atirou. — Supondo que seja? Que diabo tens tu que ver com isso? Muito bem. Já disseste o que tinhas a dizer, agora desaparece. Estou a ficar farto de ti.

Effie rodou nos calcanhares, dirigiu-se para a porta e abriu-a. Nesse preciso instante, a porta do gabinete exterior, oposta à primeira, abriu-se também e uma mulher surgiu no limiar.

Em pé, a olhar por cima dos ombros de Effie Perkins, Callaghan comprimiu os lábios num mudo assobio de apreço.

— Boa noite, *Miss* Perkins — despediu-se. — Escrever-lhe-ei no sábado.

Ultrapassou-a na sala exterior, observando a cliente.

— É *Miss* Meraulton, não é verdade? Entre e sente-se, por favor.

Regressou ao seu gabinete, colocando uma cadeira em frente da secretária. Depois contornou-a e instalou-se. Quando a recém-chegada entrou no gabinete, Effie Perkins fechou a porta de comunicação entre as duas divisões.

A jovem permanecia de pé junto à secretária e Callaghan olhava-a quase como se ela fosse algo demasiado bom para ser verdade. Era alta, delgada e flexível, com curvas em todos os sítios apropriados. Tinha o rosto mortalmente pálido e, a circundar os olhos, uma sugestão de azul, marca de fadiga ou de tensão nervosa. Envergava um pesado vestido de noite de seda preta, caro e de excelente corte, com faixas do mesmo material traçadas sobre os ombros, ostentando cada uma delas uma flor-de-lis de diamantes. O cabelo era negro de azeviche e os olhos cor de violeta observavam Callaghan com firme desinteresse. Os sapatos pretos de salto alto espreitavam com graciosidade por debaixo da fímbria do vestido.

Callaghan continuava a examiná-la. Olhava-a de alto a baixo, como se a sua capacidade de memória tivesse de ser depois submetida a apreciação. Continuou a fazê-lo mesmo quando as narinas bem desenhadas da jovem se franziram num gesto de desdém e ela se deslocou ligeiramente como que a manifestar repúdio pelo facto de a examinarem como a uma vaca premiada.

— Muito bem... — principiou Callaghan, sorrindo-lhe.

O braço dela emergiu do abrigo constituído pela curta capa de pele de raposa, atravessada sobre o ombro esquerdo, exibindo a carteira. Abriu-a, retirou um sobrescrito e colocou-o em cima da secretária. Callaghan olhou-o, mas permaneceu imóvel.

A recém-chegada sentou-se então, cruzando as pernas. Os seus movimentos eram lentos graciosos e, de certo modo, bem definidos. «Eis uma mulher que não suporta desaforos de ninguém!», pensou Callaghan. Estava metida em qualquer espécie de sarilho, mas não se sentia assustada ou, se acaso isso acontecia, não o dava a perceber. Encontrava-se em apuros, por certo, em apuros bastante sérios, pois, caso contrário, não estaria ali sentada em frente dele a olhá-lo como se fosse apenas um verme sem préstimo.

O sorriso de Callaghan acentuou-se, um sorriso que lhe favorecia um rosto peculiar.

Perguntava a si próprio quando se dignaria ela principiar a conversa e como seria a sua voz. Verificava-se sempre essa demora inicial, pois os casos que Fingal remetia a Callaghan envolvendo senhoras referiam-se, em regra, a problemas com jovens cavalheiros que se tornavam incómodos após terem conseguido os seus propósitos, cavalheiros que tentavam pequenas manobras de chantagem.

Pelo cérebro de Callaghan passaram rápidas imagens de outras mulheres ali sentadas diante da secretária, contando-lhe a mesma velha história:

«Pensei que o amava. Confiei nele e agora quer duas mil libras para ir para a América do Sul e mais quinhentas para impedir que o homem que nos descobriu não sei em que hotel escreva uma carta anónima a meu marido.»

Callaghan escutara essa história tantas vezes que achava que deveria ser feita uma canção. Mas, no caso presente, não se tratava de nada desse género. Não podia ser. Esta mulher não tinha a idade requerida; nesse tipo de casos, rondavam os quarenta e cinco ou cinquenta anos. E neste caso a cliente teria apenas uns vinte e seis ou vinte e oito e podia mesmo ser mais nova.

Que diabo! Talvez não devesse ter corrido com a Perkins. Effie era boa no seu ofício. Estava com ele há cinco anos e conhecia-lhe a técnica. Talvez se tratasse de um caso rendoso, um caso que estaria no papo e necessitaria de uma assistente pelo menos tão arguta como Effie Perkins.

Callaghan sorriu à recém-chegada, um sorriso que lhe iluminava o rosto e que fazia tanto parte do negócio como o aparelho telefónico. Um sorriso que dizia: «Minha senhora, a Callaghan Investigations é uma firma honesta. Ocasionalmente, talvez nos mostremos espertos demais, mas somos uma empresa conceituada e os nossos clientes têm toda a segurança ao lidar connosco. Nunca damos com a língua nos dentes. Assim, diga-nos o que a aflige.»

— Não se importa que fume? — perguntou ela.

Callaghan fez um gesto de negativa. Adivinhara que ela teria uma voz assim, profunda, pronunciando as palavras com enorme clareza.

A visitante extraiu da carteira uma cigarreira delgada e a boca de Callaghan encheu-se de água quando viu tratar-se de *Player's*. Desejou que a mulher lhe oferecesse um cigarro. Quando lhe riscou o fósforo, contornando a secretária para acender-lho, ela deixou a cigarreira aberta sobre a mesa, num convite para que Callaghan se servisse. O detetive tirou o cigarro com prazer; há sete horas que não fumava.

— Sr. Callaghan — iniciou a jovem —, serei o mais sucinta possível, pois é mais que provável que esteja a perder tanto o meu como o seu tempo. Vim aqui apenas porque Willie Meraulton, de quem estou noiva, insistiu para que o fizesse. O Willie pensa que corro perigo. Segundo parece, um certo Sr. Fingal recomendou-o como sendo o género de pessoa capaz de prestar ajuda em determinadas circunstâncias.

Callaghan fez um gesto de assentimento. O caso prometia.

— Devo dizer-lhe — prosseguiu a cliente —, que Auguste Meraulton é meu padrasto. Talvez tenha ouvido falar dele. A maioria das pessoas que o conhece pensa que ele deveria estar internado num hospital psiquiátrico; por vezes, também eu própria penso isso. Trata-se de um homem muitíssimo rico que se pode dar o luxo de ter certas idiossincrasias, tais como fazer a vida negra a quem o rodeia e, em geral, transformar num inferno o mundo das pessoas que com ele não concordam inteiramente.

»O irmão, Charles Meraulton, morreu há cinco anos. Também era rico e deixou a fortuna aos cinco filhos, meus meios-primos, chamemos-lhe assim: Willie Meraulton, uma ótima pessoa com quem estou para casar, Bellamy, Paul, Percival e Jeremy. Se lê os jornais, provavelmente já ouviu falar deles. Gastaram o dinheiro herdado e os seus interesses pouco vão além de andar atrás de mulheres e de beber em excesso.

»Resumindo, o caso é o seguinte: o meu padrasto, que ainda se tornou mais excêntrico desde que a minha mãe morreu, há três anos, não espera viver muito mais tempo. Tem angina de peito, o que pouco se coaduna com o seu temperamento. Sabe que o Bellamy, o Paul, o Percival e o Jeremy só estão à espera de que morra, e que isso aconteça em breve, a fim de disporem de mais dinheiro para desbaratar. Sabe também que eles não desconhecem que, de acordo com o testamento, a herança será dividida em partes iguais entre os cinco sobrinhos e eu própria.

»Há dois dias, o meu padrasto deu um jantar. Estivemos presentes os cinco sobrinhos e eu. Comunicou-lhes que havia redigido novo testamento, escrito numa folha de papel de cópia muito fina, que trazia consigo na caixinha do relógio. Disse-me que, quando morresse e se procedesse à sua leitura, a maioria dos presentes passaria a odiá-lo ainda mais do que o detestava nesse momento, mas que, se por qualquer motivo o fizessem sentir-se mais bem disposto relativamente a eles, rasgaria esse segundo testamento permitindo-lhes que recebessem a herança. Está a compreender?

Callaghan fez que sim com a cabeça e inquiriu:

— Suponho que quase todos eles tenham empenhado e hipotecado já o que iriam receber de acordo com o testamento original, não é assim?

— Exatamente — afirmou a cliente. — Portanto, o meu padrasto criou uma situação em que quatro dos sobrinhos, não incluo o Willie, que é uma pessoa digna e trabalhadora e que conserva o legado original herdado do pai, desconhecem se a morte do tio os tornará ricos ou falidos. Se ele anular o novo testamento que traz consigo na caixa do relógio, ou se o destruir, talvez eles consigam aguentar-se. Se o não fizer, todos se verão confrontados com a ruína ou mesmo, se bem os conheço, com algo ainda pior.

Com cuidado, Callaghan expeliu para o ar uma argola de fumo de cigarro. Olhava através da janela, meditando.

— O Willie está terrivelmente preocupado — prosseguiu a cliente. — Pensa que, se qualquer um deles descobrir maneira de se desembaraçar do Auguste Meraulton com rapidez e discrição, não deixará de fazê-lo. Mas, o mais importante, é o facto de os outros sobrinhos saberem das minhas desavenças com o tio. O Willie disse-me hoje que estão a acontecer muitas coisas estranhas e que receia que algo me suceda.

Callaghan fitou-a, admirado:

— Receia que algo lhe suceda?! Porquê?

A jovem encolheu os ombros, replicando:

— O Willie garante que todos estão desvairados. Tem a impressão de que um deles fará qualquer coisa contra August, a fim de se apoderar do segundo testamento e o destruir; ou que arranjará alguém que o faça. Diz também que, se isso ocorrer, arranjarão maneira de atirar as culpas para cima de mim.

Com uma careta, Callaghan comentou:

— Isso não será um pouco forçado? Está a dizer-me que o seu jovem Willie acredita sinceramente que um dos elementos de tão precioso quarteto pregará a partida ao velhote, acusando-a depois de homicídio, de uma ou de outra maneira?

A visitante fez um gesto afirmativo, garantindo:

— É isso que ele julga.

Callaghan observou-a. Observou-a durante muito tempo.

— E a senhora, que pensa do caso? — inquiriu por fim.

Ela encolheu os ombros novamente.

— Não sei que pensar — asseverou no mesmo tom frio. — Sinto-me bastante preocupada e aborrecida com tudo isto. O Willie telefonou-me hoje para que entrasse em contacto consigo. O Fingal garantiu que o senhor era o género de pessoa capaz de lidar, e estas foram as palavras dele, com o Bellamy, o Paul, o Percival e o Jeremy.

Fez um sorriso algo torvo e concluiu:

— Segundo o Willie, o Fingal garantiu que os meus primos teriam de ser muito espertos para o suplantar em astúcia, Sr. Callaghan.

Mirou o investigador com um súbito lampejo de interesse.

— Foi muita amabilidade do Sr. Fingal — disse Callaghan. — Mas talvez ele tenha feito ainda outros comentários, não?

— Acho que sim — retorquiu a jovem, erguendo as sobrancelhas. — Creio ter dito que um ou dois polícias dariam de bom grado um ano de salário para lhe deitar a mão porque o senhor se tem mostrado demasiado esperto; e também que é perito em navegar a favor do vento.

— Muito simpático da parte dele — observou Callaghan, sorrindo.

Levantou-se da cadeira e foi encostar-se à parede por detrás da secretária.

— Muito bem, tomarei conta do caso — decidiu. — Talvez me possa informar sobre quem será meu cliente, a senhora ou o seu amigo Willie Meraulton?

A interpelada tirou da cigarreira outro cigarro e acendeu-o com o isqueiro de oiro.

— Isso tem alguma importância? — quis saber.

Callaghan voltou a sorrir, dizendo:

— Tanto quanto julgo perceber, terei de funcionar como cão de guarda. A minha tarefa será vigiar os seus meios-primos, o quarteto Meraulton, com uma espécie de interesse paternal. Cá por mim, tudo bem, mas trabalhos deste género custam dinheiro.

— Estão aí quatro notas de cem libras, oito de dez libras e vinte de uma libra — informou. — O Willie Meraulton recomendou-me que lhe entregasse esta quantia por conta dos seus serviços. De acordo com o Fingal, o senhor receberá tudo quanto puder obter.

Callaghan sorriu, comentando:

— O Fingal acertou uma vez mais. De facto, recebo. E a senhora não? — inquiriu em tom ainda divertido.

A visitante levantou-se. O detetive continuava encostado à parede.

— Um momento, *Miss* Meraulton — continuou. — Já sei que o Willie, o seu namorado, está inquieto por sua causa. Muito bem; acho que se eu fosse seu namorado também me preocuparia consigo. Mas tenho ainda de lhe fazer uma série de perguntas, porque até mesmo um detetive privado com escritório num quarto andar e uma reputação que faz cócegas à Scotland Yard deverá, por vezes, saber algo do assunto de que se ocupa.

A jovem encaminhou-se para a porta.

— Esta noite não, Sr. Callaghan. É tarde e tenho um compromisso.

— Muito bem — anuiu o investigador. — A senhora é quem manda. Mas, seja como for, poderá explicar-me qual a urgência que a obrigou a falar comigo esta noite? Porque não esperou até amanhã de manhã? Ou acha que se trata de uma pergunta indiscreta?

— Amanhã de manhã poderei estar ocupada. E, além disso, nem sempre explico os motivos que me levaram a falar com as pessoas que contrato às horas a que desejo fazê-lo, Sr. Callaghan. Já agora, posso também fazer-lhe uma pergunta? Disse que o meu noivo estava preocupado comigo e teve a amabilidade de acrescentar que, se estivesse no lugar dele, também se preocuparia. Porquê?

Callaghan sorriu devagar. Não respondeu. Percorreu-a com os olhos, da cabeça aos pés, num percurso tão lento como o sorriso. Ela corou. Depois, o detetive abriu uma gaveta e tirou o bloco de apontamentos.

— Quer dar-me a sua morada e número de telefone? — pediu.

Ela forneceu-lhe os dados e Callaghan, depois, atirou o bloco para dentro da gaveta.

— Boa noite, *Miss* Meraulton — disse o detetive. — Ocupar-me-ei do assunto. Suponho que pouco se importará que alguém mate o August, contando que não procurem incriminá-la. A propósito, viveu sempre na morada que indicou? Ou viveu com o seu padrasto?

— Saí de casa dele há três dias — informou *Miss* Meraulton, colocando a mão sobre a maçaneta.

Callaghan encaminhou-se devagar para a porta e abriu-lha. No outro gabinete, Effie Perkins punha em ordem a secretária e despejava as gavetas. Callaghan rosnou entre dentes. Dirigiu-se à porta exterior do escritório e abriu-a também.

— Boa noite, *Miss* Meraulton — despediu-se. — A propósito, qual é o seu primeiro nome?

A interpelada endereçou-lhe um olhar de espanto cortês.

— Chamo-me Cynthis — declarou, transpondo a porta.

— Bonito nome! — comentou Callaghan. — Gosto de nomes onde entre o conjunto de letras «cyn». Boa noite, minha senhora.

Fechou a porta.

Effie Perkins pegou na carteira poisada sobre a mesa da máquina de escrever e vestiu o casaco.

— Com que então, já de partida! — exclamou Callaghan. — Muito bem, como te vais embora já não há necessidade de te informar que foi uma estupidez deixar no chão a luva, junto à porta do meu gabinete, onde caiu quando estiveste a espreitar pelo buraco da fechadura. Espero que te tenhas divertido. Boa noite, gata de pelo vermelho!

Permaneceu na mesma posição até ela sair atirando com a porta. Depois, resmungando para si próprio uma palavra feia, voltou para o gabinete. Pegou no sobrescrito deixado sobre a secretária, retirou o dinheiro e pôs-se a contar as notas. Por fim, meteu-as no bolso traseiro das calças. Ficou então de pé no meio da sala, de nariz no ar, farejando como um cão. No ambiente, havia ainda ligeiros vestígios do perfume usado por Cynthis Meraulton.

Callaghan dirigiu-se ao aparelho telefónico e marcou um número de Holbom. Aguardou, enquanto escutava o sinal de chamada no outro extremo da linha e tamborilava com os dedos no tampo da mesa.

— És tu, Darkie? Escuta, esfrega os olhos para espantar o sono e vai buscar um pedaço de papel. Já o tens? Então toma nota do que pretendo. Há um velhote chamado August Meraulton, já ouviste falar dele, é meio maluco. Quero que me obtenhas a sua morada e tudo o mais que conseguires. Apontaste? Quero também as moradas e os números telefónicos dos sobrinhos Willie, Bellamy, Paul, Percival e Jeremy. Arranja-me todas as informações possíveis acerca deles e depressa. Tomaste nota? Esse August Meraulton tem uma enteada de nome Cynthis. Descobre por que motivo assina Meraulton em vez do nome do pai. Agora mexe-te e trata de me dares as informações amanhã. Manda alguém ter com a malta dos jornais e traz-me todas as notícias a que consigas deitar a mão sobre a família Meraulton. Telefono-te amanhã. Escuta, não se trata de um trabalho baratucho. Desta vez, poderás ganhar dinheiro a sério. Boa noite.

Callaghan fechou a porta do prédio, percorreu Chancery Lane, virou à esquerda e desembocou em Holbom. Lembrou-se de que tinha fome e comprou dois salgados de queijo e dois copos de café numa pequena loja. Comeu e bebeu e pediu três maços de *Player's*.

Mentalmente, tomou nota da compra de um par de sapatos. Regressou por Chancery Lane em direção a Fleet Steet, meditando.

Claro que *Miss* Meraulton era uma rematada mentirosa; mas mentia muito bem. Encheu-o de prazer a lembrança da sua aparência. Tinha algo de muito especial. Que significaria a urgência em falar com ele a semelhante hora da noite? Porque não esperara até à manhã do dia seguinte? De facto, podia dar-se o caso de o seu amiguinho Willie estar preocupado com ela, convencido de que alguém se preparasse para acusá-la de homicídio. Ora, que estupidez! Coisas dessas não aconteciam em Inglaterra; só na América e mesmo assim nas fitas de cinema... ou aconteceriam?

Callaghan recordou-se de um ou dois casos singulares reais acontecidos em Inglaterra. Coisas que não haviam sido objeto de notícia em jornais e de que nem sequer a polícia ouvira falar. Sorriu.

Desceu a Fleet Street e encaminhou-se para a sede do *Morning Echo*. Mandou um recado a Jengel e depois sentou-se, aguardando. Decorridos cinco minutos, Jengel descia. Era o jornalista encarregado da secção criminal do *Echo*. Bastante alto e magro, usava óculos de lentes muito grossas. Instalou-se na poltrona ao lado de Callaghan.

— Olá, Spike! — cumprimentou. — Que queres desta vez?

O interpelado estendeu um cigarro ao recém-chegado e disse:

— Terás por acaso algum «petisco» acerca da família Meraulton, Michael? Algo que nunca tenha vindo a lume na imprensa, percebes, uma daquelas coisas...

Jengel acendeu o cigarro que o outro lhe oferecera, mirando Callaghan com uma expressão esquisita.

— Chega aqui fora — convidou.

Saíram para a rua.

— Qual é o assunto? — inquiriu Jengel com uma careta. — Para quem trabalhas desta vez?

Callaghan sorriu.

— Então sempre sabes alguma coisa! — disse, inclinando a cabeça para um dos lados. — Vamos, Mike, diz lá o que é. Ou estás esquecido de junho passado e da jovem dama de Peckham?

Jengel fez-se vermelho.

— Está bem — anuiu. — Mas trata-se de um caso delicado. Deram-me a notícia esta noite. É uma daquelas coisas que nos deitam abaixo, pois não estamos autorizados a fazer nada, pelo menos até amanhã. Suponho que não quererás dizer-me porque estás interessado em Merault on...

Callaghan encolheu os ombros, limitando-se a replicar:

— Apareceu-me um trabalho. O costume... um caso de divórcio misturado com chantagem barata, percebes?

Jengel fez um sinal afirmativo.

— O polícia de serviço em Lincoln's Inn Fields descobriu o velho August Merault on caído à chuva, contra as grades, às onze e quarenta e cinco da noite. Estava mais morto do que um naco de carneiro frio.

— Que pena! — comentou Callaghan. — Sofria do coração, não é verdade? O mais certo era acabar assim.

— Sofria do coração, uma ova! — retorquiu Jengel com uma careta. — Alguém lhe deu um tiro. Um tiro bem certeiro na cabeça. Que bela história! E eu sem poder utilizá-la! Proibida até amanhã. Isto dá cabo de mim!

Callaghan acendeu novo cigarro, servindo-se da ponta acesa do anterior.

— Escuta, Mike, para mim trata-se de um assunto muito mais importante. Estou interessado no caso, entendes? Chovia quando encontraram o corpo, não? Talvez o tenham transportado para uma casa mortuária não muito distante. Talvez o médico do departamento de investigação criminal leve algum tempo a lá chegar. Nunca se sabe.

Estendeu o maço de cigarros a Jengel e prosseguiu:

— Tu conheces as pessoas certas, Mike. Descobre para onde levaram o corpo. Sabe-me se fizeram os exames, as buscas, as fotografias. Se não fizeram, informa-te de quantos polícias estão de guarda ou se é só um, como de costume. Sabe-me também o nome do encarregado da casa mortuária, se é casado, onde vive e qual o nome próprio da mulher.

Jengel abriu a boca de espanto, explodindo:

— Que diabo! Sou um jornalista criminal e não uma maldita agência de informações! Como raio queres tu que consiga tal coisa!

Callaghan sorriu, replicando:

— Ouve, Mike, desconhecemos o que somos capazes de fazer até tentarmos. Ficarei pelo escritório à tua espera. Calculo que leves cerca de uma hora a recolher os dados de que preciso.

Enquanto subia a gola do casaco, o detetive prosseguiu com suavidade:

— Tens de obtê-los, Mike, porque, se o não fizeres, a minha memória é capaz de pregar-te alguma partida quanto à tal jovem e isso não seria muito bom para ti, pois não?

Jengel deitou fora a ponta do cigarro, exclamando, irritado:

— Vai para o Inferno, Slim! Se não gostasse de ti, diria que não passas de um pulha.

Sempre sorrindo, Callaghan disse:

— Esquece se gostas ou não de mim. Lembra-te só da tal senhora. Fico à espera de que me telefones dentro de uma hora, ou seja, cerca da uma e um quarto. Até logo, Mike.

Callaghan dirigiu-se à cabina telefónica existente no interior de Law Courts. Discou um número. Soando com regularidade, ouvia o sinal de chamada no outro extremo do fio. Aguardou.

— Alô! — cumprimentou quando atenderam. — É de casa de *Miss* Meraulton? Quem fala? Ah, a criada! Muito bem. Vá acordar *Miss* Meraulton e peça-lhe para vir ao telefone. Diga-lhe que fala Callaghan.

Segurando o recetor com uma das mãos, com a outra manobrou de modo a extrair um cigarro do maço. Descobriu um fósforo no bolso do colete e riscou-o na parede. Por fim, ouviu outra voz.

— Está? — disse com brandura. — Detestaria acordá-la por insignificâncias, mas, segundo me parece, houve esta noite um belo assassínio. Talvez precise de um minuto para pensar no caso...

Esperou alguns instantes e depois prosseguiu:

— Ora bem! Não discuta e não comece a dizer um monte de disparates. Eu sempre soube que toda a sua conversa desta noite não passava de palavreado inútil. Agora, pegue numas roupas e vá ao meu escritório cerca das duas e trinta. Vá a pé. Não tome nenhum táxi. Vá a pé! Percebeu? Saia de casa sem fazer barulho para que a criada não oiça.

Com esta última recomendação, Callaghan desligou.

Ao deixar a cabina, ficou parado por momentos, indeciso. Depois, examinou a sola descosida do sapato. Regressou por Chancery Lane até à lojazinha de Holborn e adquiriu outro salgado de queijo e mais um copo de café.

Recomeçara a chover.

Capítulo 2
Por vezes, resulta!

Era uma hora da madrugada. Recostado na cadeira do escritório, com as pernas apoiadas no tampo da secretária, Callaghan mantinha pendente do canto da boca o inevitável cigarro. No cinzeiro, havia já quinze beatas. Somente o candeeiro da secretária se encontrava aceso. O quebra-luz formava um desenho de claridade em diagonal sobre a secretária, deixando Callaghan na penumbra e projetando sobre a parede oposta as sombras grotescas dos objetos nela poisados.

O detetive pensava em Effie Perkins. Pensava também em si próprio, nas quinhentas libras e em Cynthis Meraulton.

Interrogava-se acerca de Effie. Seria ela maldosa ao ponto de introduzir uma pedra na engrenagem? Podia fazê-lo com bastante facilidade. Provavelmente, Effie era capaz disso. Ouvira algures que «não há fúria do Inferno comparável à da mulher desprezada»; e Effie fora de facto desprezada.

«As mulheres são intragáveis», pensou Callaghan. Os homens passavam metade do tempo a procurar seduzi-las e outra metade a tentar pô-las de parte, mas era assim a vida. A vida era uma questão de mulheres e de dinheiro. O diabo é que, mal se conseguiam umas massas, logo surgiam umas saias dispostas a sacá-las.

Transferiu o pensamento para Cynthis Meraulton. Ali estava a mulher que lhe convinha! Tinha tudo quanto era preciso: beleza, graciosidade, espantosos atrativos sexuais e aquela qualidade peculiar que ele não conseguia definir nem para si mesmo, essa qualidade que tinha que ver com a educação. Pensou desapaixonadamente que daria alguns dedos — mas não da mão direita, é preciso que se note — para conquistar uma mulher como Cynthis Meraulton. A ideia intrigou-o. Sorriu ao pensar nela e, por instantes, pareceu infinitamente mais humano.

Apagou a cigarro, levantou-se e foi até à sala exterior. Colocou na máquina de escrever uma folha de papel de apontamentos e redigiu um bilhete endereçado a Effie:

Querida Effie,

Talvez tenha sido um pouco duro contigo em uma ou outra ocasião, mas sabes que esta é a minha maneira de ser. Estive a pensar que és boa dactilógrafa e não te detesto tanto quanto julgas. Seja como for, ficarei aborrecido se fores trabalhar para o Grindell. Vem até cá falar comigo amanhã à tarde. Vai haver bastante trabalho e aumentar-te-ei o ordenado para uma nota de cinco libras.

Com amizade,
Slim Callaghan

Callaghan leu a sua tentativa de reconciliação, sorriu sardonicamente perante o fraseado, endereçou o sobrescrito e selou-o. Meteu a carta na algibeira para a deitar no correio. Talvez Effie se deixasse convencer... ou talvez não; valia a pena tentar. Assim como assim, custava-lhe apenas o preço do selo.

Acendeu outro cigarro. O telefone tocou nesse instante. Era Jengel.

— Olá, Slim! — saudou. — Um dia destes, vais pagar-me por tudo isto. Gastei as solas dos sapatos para obter o material que pretendias e tive de mexer um ou dois cordelinhos que destinava a mim próprio, meu safado!

Callaghan comentou, rindo:

— Oh, não me faças chorar! Que descobriste?

— Levaram o corpo do velho Meraulton de ambulância para a morgue de Ensell Street — informou Jengel. — Acharam por bem não tirar fotografias. Chovia a cântaros e, segundo parece, o cadáver estava apoiado ao gradeamento do lado esquerdo da praça... sabes onde é, no sítio onde costumam estacionar os automóveis. Gringall, o inspetor-detetive mais recente, irá ocupar-se do caso. Mas nem ele nem o médico legista lá foram ainda. Gringall tem outro assunto entre mãos e julgam que irá lá com o médico cerca das três e meia. Não tocaram no corpo nem o revistaram. Ficou na morgue um polícia a tomar conta.

Callaghan resmungou e disse:

— Está bem. E como se chama o vigilante da morgue? Está lá também, não?

— Está. É um tipo chamado Tweest, casado, que vive com a mulher no número dezasseis de Tremlet Street, logo a seguir a King's Cross. — Esclareceu Jengel, acrescentando rapidamente: — Não sei o que pretendes, Slim, mas, por amor de Deus, vai com calma e não me metas em nenhuma das tuas encrencas. Não posso...

— Sossega! — proferiu Callaghan em tom de aborrecimento. — Quem é que te mete em encrencas? Vai para casa, desliga e, se souberes de mais alguma coisa, informa-me amanhã a qualquer hora. Boa noite. Até mais ver.

Callaghan desligou o telefone. Apagou o cigarro e acendeu outro. Abriu a gaveta da secretária e tirou dela um par de luvas cinzentas e um canivete. Vestiu o impermeável, meteu no bolso as luvas e o canivete, pegou no chapéu e desceu as escadas.

Subiu a Chancery Lane até Holbom e New Oxford Street. Atalhou pela estação de correios e saiu no extremo de Ensell Street. Na esquina, havia uma cabina telefónica. Entrou na cabina deixando a porta aberta e postou-se de modo a poder observar a entrada do pátio da casa mortuária a meio da rua. Depois, consultou a lista. Descobriu o que queria e marcou o número da morgue. Respondeu-lhe uma voz áspera.

— Alô! — disse Callaghan, em tom profundo. — Quem fala? É Tweest, o encarregado?

— Sim, sou eu, Tweest — replicou a voz. — Que deseja?

— Falo em nome do inspetor-detetive Gringall da Scotland Yard. Chame o agente ao telefone, por favor.

— Muito bem. Um momento.

Callaghan aguardou uns instantes e, quando o polícia apareceu na linha disse:

— É o agente da polícia? Fala da central. Foi você quem descobriu o corpo, não foi? Certo. Apresente-se aqui de imediato ao Sr. Gringall. Vou enviar alguém para rendê-lo. Venha o mais depressa possível.

Callaghan desligou. Permaneceu à entrada da cabina, vigiando a porta da morgue. Dois minutos depois, viu o polícia sair, atravessar a rua e meter pelo caminho que conduzia a Seven Dials. Tornou a entrar na cabina e esperou algum tempo enquanto fumava outro cigarro.

Consumido este, rasgou duas folhas da lista telefónica. Amachucou-as, até ficarem em pequenas bolas que meteu na boca, empurrando-as de modo a colocá-las perto dos malares, junto à raiz dos dentes de cima. O processo alterou-lhe materialmente o formato do rosto, modificando-lhe também a voz. Levantou a gola do casaco, endireitou o chapéu e desceu Ensell Street, em direção à casa mortuária. Premiu a campainha e ficou à espera. Três minutos depois, Tweest abria-lhe a porta do pátio.

— É o Tweest? — inquiriu Callaghan. — Sou o agente Harris da central, da Scotland Yard. Vim render o polícia que foi chamado e lastimo ter más notícias a comunicar-lhe.

Tweest ficou imóvel, segurando o portão do pátio. Era um homem de idade e pareceu assustado.

— Más notícias?! Porquê? Que aconteceu?

— A sua mulher vive no número dezasseis de Tremlet Street, em King's Cross, não é verdade? — inquiriu Callaghan.

Tweest fez um gesto afirmativo. Callaghan prosseguiu:

— Foi atropelada por um automóvel esta noite. Mas não se magoou muito. Levaram-na para casa e o médico está com ela neste momento. É melhor ir até lá. Ficarei por aqui até que regresse.

Tweest não replicou, mas deu meia-volta, atravessando o pátio à pressa. O detetive seguiu-o.

Felizmente para ele, o escritório da morgue não estava bem iluminado. As bolas de papel, impregnadas de saliva, começavam a saber mal. Tweest lutava desajeitadamente para enfiar o impermeável, resmungando e praguejando para si próprio. Depois partiu, dizendo que regressaria dentro de uma hora.

Logo que a porta se fechou após a partida do vigilante, Callaghan começou a agir. Atravessou o escritório, depois um corredor e desceu um lanço de escadas. Ao fundo de alguns degraus, existia uma porta. Não estava fechada à chave. Meteu a cabeça pela abertura e acendeu a luz. Havia duas ou três macas no frio recinto lajeado e, sobre a mesa de autópsias, jazia um vulto coberto por um lençol.

Callaghan dirigiu-se para ele e destapou-o. Tratava-se de facto de August Meraulton. A bala desfizera-lhe o osso frontal, penetrando acima do nariz, um pouco para a direita. Não era um espetáculo particularmente agradável. Callaghan puxou a cobertura mais para baixo e tirou da algibeira o par de luvas que trouxera consigo. Calçou-as, desabotoou o casaco que o cadáver envergava e, satisfeito, notou a presença da corrente de ouro cujos extremos mergulhavam nos bolsos do colete. Puxou-a, descobrindo o relógio. Este continuava a funcionar, marcava uma hora e quarenta e cinco minutos. Com uma careta, Callaghan pensou que o falecido August, ao dar-lhe corda pela última vez, não podia imaginar que o não faria de novo. Abriu o canivete, destacou a tampa da caixa do relógio e, entre este e a cobertura do mecanismo, havia uma folha dobrada de papel dourado e antigo. Retirou-a, guardando-a no bolso do colete.

Voltou a cobrir o cadáver com o lençol, dando uma vista de olhos em redor de si, depois fechou a porta, subiu as escadas, atravessou o escritório e percorreu o pátio exterior. Abriu o portão cuidadosamente, olhando para um e outro lado da rua antes de sair.

Dirigiu-se a passos rápidos para High Holbom e virou, para descer Chancery Lane. À esquina, interrompeu a marcha por instantes para pensar, em seguida atravessou a rua e desceu Gray's Inn Road.

Percorreu a Guildford Street até ao fim e voltou à esquerda, para Hunter Street. Parou em frente de um dos últimos prédios e bateu levemente à porta. Continuou a fazê-lo durante cinco minutos, findos os quais uma cabeça surgiu à janela e soou uma voz praguejando.

— Cala-te! — ordenou Callaghan. — Veste as calças, vem cá abaixo e não faças tanto barulho.

Decorridos dois minutos, a porta abriu-se. Havia um bico de gás que iluminava o vestíbulo sombrio e, em silhueta contra a luz, surgiu a figura pesada de Darkie. Este permaneceu de boca aberta em frente do recém-chegado. A metade superior do seu corpo ocultava-se atrás de um espampanante casaco de pijama de cor azul e vermelha e, na parte inferior, usava um par de calças às riscas. Era gordo e a barriga pendia-lhe sobre o cós apertado das calças. O rosto redondo e os lábios grossos conferiam-lhe a aparência de um peixe dourado perplexo.

— Caramba, Slim! — exclamou. — Onde é o maldito fogo?

Callaghan fechou a porta e seguiu Darkie até à sala de estar. Instalou-se numa cadeira pouco segura, tirou do bolso o maço de *Player's* e ofereceu-lhe um cigarro. Darkie aceitou, riscando um fósforo. Refeito da surpresa inicial, passara a aceitar a visita a horas mortas como um facto corriqueiro. Callaghan aspirou o fumo até aos pulmões, expelindo-o depois pelas narinas com perfeição de artista.

— Escuta, Darkie — principiou —, já fizeste alguma coisa do que te pedi?

— Dá-me tempo — retorquiu Darkie. — Só me telefonaste depois da meia-noite. Mas já fiz alguma coisa, sim. Tinha ideia de ter lido num jornal algo sobre os rapazinhos Meraulton, há uns quatro meses. Uma rusga a um *cabaret*, uma reunião de bebedores ou uma coisa qualquer do género. A polícia apareceu no local. Bellamy e Paul Meraulton estavam lá e agrediram um polícia. Assim, depois de teres telefonado, liguei para o Jay Bird Club para falar com Sizer. Ele conhece-os e de que maneira! Diz que são tipos de primeira apanha, tipos da sociedade e tudo o mais, mas mais doidos que um bando de macacos. Segundo Sizer, o negócio deles é bebidas, mulheres e canções. Disse-lhe que me soubesse mais coisas sobre os nossos amigos nos locais que interessam e que mas comunicasse. Foi isto o que fiz. Só a partir de manhã começarei a sério e porei a trabalhar Fred, Harry e o estupor do Wilpins, o que só saiu há cinco dias. O rapaz é bom a descobrir as sujeiras de qualquer pessoa e tem um jeito especial para levar as criadas na conversa.

Callaghan fez um sinal afirmativo. Apalpou a algibeira interior do casaco e tirou dela o bilhete que escrevera a Effie Perkins e o maço de notas. Separou duas notas de dez libras, entregando-as a Darkie.

— Escuta, Darkie — disse. — Há muitas mais no sítio de onde estas vieram. Portanto, amanhã trata de trabalhar, trabalhar a sério, ouviste? Por agora, há uma coisa que já podes fazer. Vai de imediato ao Willesden entregar esta carta a Effie Perkins; já lá estiveste numa outra altura. Esqueci-me de a pôr no correio esta noite e preciso que Effie a receba logo pela manhã. Veste qualquer coisa, toma um táxi e verifica se metes a carta na caixa do correio certa. É muito importante, percebes?

— Percebo, Slim — replicou Darkie. — A coisa está a andar para a frente, hã?

Callaghan sorriu. Os seus dentes, grandes e brancos, brilharam por instantes.

— Sim, as coisas estão de facto a ir para a frente — garantiu. — Telefono-te amanhã.

Pôs o chapéu e saiu, fechando a porta sem fazer barulho. Percorreu a Gray's Inn Road, apanhou um táxi que rodava devagar à procura de freguês e disse ao motorista que o conduzisse ao cimo de Chancery Lane. Daí, encaminhou-se a pé para o escritório.

À chegada, fechou à chave a porta da rua e principiou a subir as escadas. Parou uma ou duas vezes na subida, afligido pela tosse, o resultado do consumo de cem cigarros por dia.

Já no gabinete, acendeu o candeeiro da secretária e deixou-se cair na cadeira. Atirou com o chapéu para um canto, acendeu novo cigarro, abriu a gaveta do fundo da secretária e esgotou o que restava do conteúdo da garrafa de *whisky*.

Recostou-se então no assento e começou a rir. E não tinha dúvidas quanto ao motivo por que ria ou de quem ria. Dessa vez, se desse bronca, não haveria remédio. Mas não; dessa vez, faria que todos os outros pequenos trabalhos que antes tivera parecessem ninharias. Se a coisa corresse bem, ganharia dinheiro, dinheiro que se visse.

Não pensava em mais nada; apenas que, nesse preciso momento, tinha de deixar de pensar, não se desse o caso de principiar a pensar no que poderia acontecer se a coisa desse para o torto.

Às duas e vinte, Callaghan desceu e abriu a porta da rua. Depois regressou ao escritório, dispôs melhor a luz sobre a secretária, limpou o cinzeiro e endireitou a gravata.

Estava sentado na cadeira com os pés sobre o tampo da mesa quando ela chegou. Só bem uns dez segundos depois de Cynthis ter entrado no gabinete e se ter postado em frente da secretária é que Callaghan se dignou a tirar as pernas de cima do móvel e levantar-se.

— Sente-se — disse. — Temos de ter uma pequena conversa.

A jovem obedeceu. Vestia fato preto, casaco de caraculo genuíno e um pequeno chapéu do mesmo material, feito por medida. No pescoço, havia uma sugestão de renda. Callaghan desejou que Cynthis cruzasse as pernas para poder ver, por detrás da secretária, que tipo de calçado usava. Quando ela o fez, sentiu prazer ao constatar tratar-se de sapatos de cerimónia de camurça preta. Callaghan gostava de calçado elegante e apreciou o formato e o tamanho reduzido dos pés da cliente. Reparou que as solas estavam molhadas; viera até ali a pé, tal como lhe recomendara. Pegou num maço de *Player's* ainda intacto e empurrou-o para a frente da jovem. Deixou que fosse ela a acender o cigarro, permanecendo imóvel. A cena tinha de ser representada precisamente desse modo.

A visitante estava nervosa e Callaghan sentiu-se satisfeito com isso. Agradava-lhe a ideia de uma Cynthis Meraulton nervosa; e, antes que terminasse o que tinha a dizer-lhe, exibiria ainda muito maior nervosismo! Quando ela começou a falar, porém, a sua voz tinha a mesma frieza de sempre.

— Parece trabalhar até muito tarde — observou. — Será necessário? Mesmo que...

Callaghan interrompeu-a:

— Que acha se for eu a falar? Será preferível que eu fale e que a senhora escute. Deixe-me que lhe diga: foi a senhora que me meteu nisto; note que não quero dizer que não entre no jogo. Entro, sim, mas é preciso que compreenda uma coisa: de hoje em diante, irá fazer o que eu disser, pois, de contrário, estaremos tramados. Percebe?

— Não... — principiou ela, agitando-se no assento.

— Eu sei — atalhou o detetive. — Não percebe. Era isso que ia dizer, não era? Ora, acho que me compreende perfeitamente, mas, só pelo prazer de argumentar, diga-me o que é que não entende.

Callaghan notou que a respiração de Cynthis se acelerara. A frieza já não era a mesma.

— Da sua críptica mensagem telefónica, só consegui entender uma coisa — afirmou. — Ou seja, que algo sucedeu ao meu padrasto; isso entendi. Mas não compreendo por que motivo tive de vir até cá a pé, sem poder tomar um táxi e por que razão fui forçada a sair de casa às escondidas, sem que a minha criada se apercebesse do facto. Também não entendi porque foi necessário vir ao seu escritório às duas e trinta da madrugada.

Callaghan apagou o cigarro e acendeu outro.

— Com que então não percebe nenhuma dessas coisas! — exclamou, imitando-lhe o ritmo da voz e a pronúncia.

Ao fazê-lo, adquirira um aspeto estranho, quase reptiliano. A luz da secretária punha-lhe em relevo a cicatriz que lhe descia da têmpora esquerda, a cicatriz de uma lâmina.

— As mulheres são muito cómicas — prosseguiu Callaghan. — Oh, como são engraçadas! Então não compreende nada de nada! Não sabe porque lhe disse para cá vir? Muito bem, está aqui, não está? E veio a pé, não foi? Porque pensou que a mandei vir? Para seduzi-la? Se pensou isso, posso afirmar-lhe que a Callaghan Investigations nunca seduz as suas clientes... quase nunca.

Cynthis levantou-se. Quando queria, movia-se com rapidez.

— Seu grande ordinário! — gritou, sibilante. — Como se atreve? Willie dará cabo de si pelo que disse.

Callaghan fez uma careta, dizendo friamente:

— Dá cabo de mim, uma ova! Porque não se acalma e se volta a sentar? Verá que toda essa explosão emocional é pura perda de energia. E outra coisa: aposto consigo todo o dinheiro que quiser em como o seu amiguinho Willie gastará tanto tempo a magicar como diabo há de fazer para se livrar de ser preso como cúmplice... cúmplice antes e provavelmente depois do crime... que não se vai preocupar em esmurrar-me a cara por eu sugerir que um belo dia alguém poderá desejar seduzi-la — asseverou Callaghan, concluindo pensativamente que «seduzir» é uma palavra bonita e soa muito melhor do que «casar».

Levantou-se e assumiu a sua postura habitual, atrás da cadeira, encostado à parede, as mãos enterradas nas algibeiras do casaco, o cigarro pendente do canto esquerdo da boca.

Cynthis deu consigo a perguntar mentalmente por que motivo lhe fixava os lábios. Callaghan tinha uma boca extraordinária, que denotava sensibilidade, uma boca demasiado bela para fazer parte dos atributos físicos de um indivíduo grosseiro, um detetive privado particularmente desagradável. Gostaria de partir, de deixar aquele escritório num quarto andar infecto, mas permaneceu sentada. Quando o olhou de novo, Callaghan sorria. Por estranho que parecesse, sentia-se mais à vontade quando ele sorria.

— Visto que procura compreender tais coisas, farei o possível por lhas explicar — sossegou o investigador. — Provavelmente, será pura perda de palavras, pois tenho a certeza de que já sabe o que vou dizer. Recomendei-lhe que viesse a pé e não de táxi porque, caso desconheça, os motoristas de táxi são uma classe de gente muito útil... para a polícia, quero dizer. Nunca pensou por que motivo os motoristas têm tão mau humor? É porque estão sempre a ser interrogados e muitas das perguntas são feitas pelos espertalhões da Scotland Yard, espertalhões como o inspetor-detetive Gringall, por exemplo, que foi encarregado de investigar este assunto. Acha que estou interessado em que um desses motoristas vá amanhã a correr à Scotland Yard contar que a trouxe aqui esta noite? O mesmo se pode dizer em relação à sua criada. Aquilo que as pessoas desconhecem não as preocupa. Compreende?

— Sim — afirmou Cynthis. — *Isso* compreendo.

— Muito bem. Aqui, estará protegida. Esta noite, em dado momento entre as onze e dez e a meia-noite e trinta e cinco, alguém decidiu dar um tiro a seu padrasto, um tiro certeiro no meio da testa. O local escolhido foi Lincoln's Inn Fields.

Callaghan acendeu o novo cigarro no anterior e prosseguiu com um ligeiro sorriso:

— Uma em cheio, hã?! A senhora chega aqui às onze e quarenta e cinco com uma historieta acerca de o seu amiguinho Willie estar preocupado consigo por pensar que os malvados rapazinhos Meraulton, Bellamy, Paul, Percival e Jeremy... isto soa a teatro de variedades: «Bellamy, Paul, Percival e Jeremy, no seu conhecido número de trapézio»... iriam maltratar deveras o velhote Meraulton, deitando-lhe as culpas para cima. Mas é tão certo como dois mais dois serem quatro que, quando me falava disso, já a coisa acontecera, o que é geralmente considerado uma coincidência extraordinária.

Observando a interlocutora, Callaghan aspirou o fumo até aos pulmões, expeliu-o pelas narinas e desatou a tossir.

— Se não tiver cuidado, os cigarros vão ser o meu fim — comentou, chupando novamente o cigarro. — Mas tudo há de correr bem. Isto é... possivelmente. Não acredito nisso de ir à procura de complicações; deixo que elas me venham procurar. É o que vou fazer agora: esperar até amanhã para ficar a saber de tudo.

Cynthis tornou a agitar-se na cadeira e inquiriu:

— A saber o quê?

Na voz dela, era audível o tremor de excitação que não conseguira reprimir. Callaghan sorriu. Parecia um colegial irrequieto.

— Agora, relativamente a Effie — prosseguiu com suavidade. — Se ela calar a boca, estaremos safos; senão, vai ser o diabo. Neste momento, Effie não me tem em muito boa conta. Despedi-a por dois motivos: primeiro porque começou a pensar que eu era a resposta às preces de uma donzela e, em segundo lugar, porque já não consigo suportá-la. Esta noite, quando a senhora veio aqui contar-me essas coisas, ela esteve à escuta atrás da porta. Amanhã lerá os jornais e, se de facto tem intenção de ser desagradável, meter-se-á num táxi e irá à Scotland Yard ter com o nosso querido Sr. Gringall para despejar tudo quanto sabe; caso esse que me dará que pensar e muito. Mas talvez tenha conseguido fazê-la mudar de ideias. Talvez a iluda o bilhetinho doce que lhe mandei há três quartos de hora. Com Effie, porém, nunca se sabe.

Enquanto olhava para a visitante, Callaghan fez uma pausa. Na sua boca extraordinariamente ativa, brincava um meio sorriso que mantinha Cynthis em silêncio. Ela sabia que o detetive lhe adivinharia as palavras exatas antes de as proferir. Compreendia com desespero a futilidade de qualquer argumentação. Manteve-se calada.

— Muito bem — prosseguiu Callaghan em tom malicioso. — Parta do princípio de que eu percebi tudo. Parta do princípio de que sou um grande filho da mãe ao sugerir que a senhora matou a tiro o seu padrasto esta noite em Lincoln's Inn Fields. Parta do princípio de que o meu insulto faz tremer de indignação todas as fibras do seu chassis de alto nível. Muito bem, depois de compreendido tudo quanto se disse, vamos em frente com o assunto.

De repente, Callaghan foi instalar-se de novo atrás da secretária. Os seus movimentos eram incrivelmente rápidos para alguém que, por via de regra, se deslocava com tanta lentidão. Continuando a sorrir, apontou-lhe o indicador, dizendo:

— Diga-me uma coisa: o que fez entre as onze e as onze e trinta desta noite? E nada de pausas antes de responder. Vamos, fale!

Cynthis hesitou. O sorriso de Callaghan tornou-se de súbito mais malicioso. Parecia entregue a um jogo agradável.

— Bem me pareceu! — comentou, perante o mutismo da visitante. — Muito bem, dir-lhe-ei eu então o que fez e por onde andou. Saiu de casa há três dias porque teve um desentendimento dos diabos com o seu padrasto e porque pensou ser disparate discutirem. Depois, combinou um encontro com ele e, por motivos que a senhora conhece melhor do que ninguém, induziu o falecido e saudoso velhote a ir a Lincoln's Inn Fields e despachou-o. Aposto que amanhã encontrarão a pistola com que o matou escondida para lá do gradeamento, entre os arbustos. Provavelmente, dois ou três dias antes metera na cabeça do seu amiguinho Willie que um dos rapazes do trapézio voador, Bellamy, Paul, Percival ou Jeremy, pregaria a partida ao velhote, tentando incriminá-la a si do acontecido.

»Talvez a senhora esteja também com falta de massas e, por isso, Willie deu-lhe as quinhentas libras para vir até cá pedir-me para manter os seus primos debaixo de olho. Mas não teve pressa de resolver o caso até que a forçaram a isso. E foi o que sucedeu hoje à noite, não é assim?

»Por razões que a Cynthis bem sabe, foi-lhe necessário arrumar o caso do velhote rapidamente e teve a coragem de fazê-lo. Conheço outras mulheres do mesmo calibre. A senhora tem orgulho, inteligência, beleza e educação e possuiu tanta classe que teve mesmo fibra suficiente para matar. Compreendo-a; por vezes, eu próprio já senti desejos de fazê-lo.

»Ouviu falar de mim. Talvez me conhecesse de reputação. Segundo se diz, sou um *hombre* bastante duro e a senhora percebeu a necessidade de arranjar um álibi. Muito bem, eu sou esse álibi. Não resisto. Preciso das quinhentas libras e das mais que possamos extorquir a esse pobre tanso do Willie. Assim, desde que Effie não nos trame, tudo correrá bem.

Callaghan acendeu novo cigarro, prosseguindo:

— Por outras palavras, minha boa Cynthis, veio aqui, ao meu escritório, às onze horas da noite, falar-me da suspeita de que os seus meios-primos tinham o propósito de assassinar o velhote e só saiu quando faltavam cinco minutos para a meia-noite. Acho que tudo isto é muito barato por quinhentas libras... por conta das despesas, aliás.

Fez-se silêncio total. Cynthis ouvia algures o tiquetaque de um relógio. Olhou para Callaghan, que continuava a sorrir. A cabeça da jovem descaiu até ficar apoiada ao tampo da secretária. Chorou então amargamente. Callaghan sorriu e deitou mão a outro cigarro.

Capítulo 3
Nasce uma de minuto a minuto

Callaghan despertou e ficou a olhar o teto por momentos. Depois, afastou a roupa da cama, pôs os pés no chão e alisou com a mão os cabelos negros e fartos. Começou a vestir-se. Quando terminou, foi até à mesa colocada no canto do quarto e destapou a cobertura da máquina de escrever portátil e decrépita. Inseriu nela uma folha de papel e redigiu um bilhete à senhoria:

Cara Sr.ª Lake,

Vou ausentar-me por uns tempos. Guarde-me o quarto; deixo aqui todas as minhas coisas. Se alguém quiser saber onde me encontro, diga a verdade, ou seja, que desconhece o meu paradeiro. Junto à presente vinte libras, correspondentes a dez semanas de aluguer. Talvez esteja de volta antes de terminado este período.

Com os meus cumprimentos ,

Slim Callaghan

Dirigiu-se à janela, passando um dedo meditativo sobre o queixo por barbear. Depois, apalpou o bolso do colete e extraiu dele a folha dobrada de papel cor de ouro que subtraíra da caixa do relógio do morto.

Desdobrou-a com cuidado e leu o testamento e última vontade de August Meraulton, escrito à máquina:

10 de Janeiro de 1938

Este é o testamento e última vontade de August Meraulton, morador em Clesalla House, Knightsbridge, Londres. Encontro-me no meu perfeito juízo e revogo todas as disposições testamentárias anteriores. Deixo todos os meus bens, sob qualquer forma ou qualidade, a minha enteada Cynthis Marion Trevinnon que, a pedido de sua mãe (minha falecida esposa) e a meu próprio pedido, alterou o sobrenome para o de Meraulton. São desnecessárias testemunhas que atestem este documento, pois é conhecida a sua existência (embora não o respetivo conteúdo) pelo meu advogado, Herbert Arthur Ferdinand Gazeling, com escritório no número 467 de Lincoln's Inn Place, e pelos meus cinco sobrinhos, William, Bellamy, Paul, Percival e Jeremy Meraulton, meus herdeiros em conformidade com o testamento anterior agora anulado.

A seguir ao texto, figurava a assinatura garatujada de August Meraulton.

Callaghan tornou a ler o papel, depois guardou-o no bolso e ficou a olhar para o exterior através da janela. Em seguida, dirigiu-se de novo à mesa, puxou o telefone para junto de si e marcou o número de Darkie. Respondeu-lhe a sua voz ensonada.

— Entregaste o meu bilhete a Effie Perkins, Darkie? — inquiriu. — Muito bem. Então ouve e não faças asneira. Diz ao Fred que vá ao meu escritório de Chancery Lane; a chave está debaixo do tapete da entrada. Ele que fique por lá a atender as chamadas e a informar todas as pessoas que telefonem de que me desloquei a Edimburgo em serviço e que regressarei no próximo mês. Percebeste?

»Uma outra coisa — continuou Callaghan. — Vê se consegues saber tudo quanto puderes sobre os Meraulton, tal como te disse. Usa os miolos e obtém informações de interesse. O género de coisas que quero saber é o seguinte: como é que os tipos vivem, já que todos eles parecem dar-se bem na qualidade de falidos? Descobre onde arranjam dinheiro e investiga também as suas ligações com o sexo feminino. Quero notícias sobre as amigas deles, onde vivem, qual o seu género e se são da espécie caçadora de dotes. Estás a perceber? Muito bem. E outra coisa ainda: se descobrires uma destas damas, investiga se é ou não casada.

»E agora o mais importante — prosseguiu Callaghan. — Talvez um dos tipos, Bellamy, Paul, Percival ou Jeremy, seja particularmente indesejável. Se for esse o caso, centra nele a atenção. Descobre todos os dados de interesse a seu respeito: se alguma vez ameaçou ou agrediu alguém, etc. Quero ficar a saber o género de coisas que indiquem nele a possibilidade de cometer um assassínio. Compreendes? Depois de tratares do assunto, vai ter comigo à Lyons, em Shaftesbury Avenue, às três da tarde, para me comunicares o que conseguiste. Até depois.

Callaghan desligou, acendeu um cigarro e pôs-se a percorrer o quarto de um lado para o outro durante alguns minutos. Por fim, pegou de novo no telefone e ligou para casa do Cynthis Meraulton.

Atendeu a criada. Callaghan deu-se a conhecer. Decorrido um minuto, Cynthis surgia na linha.

— Bom dia, minha senhora — cumprimentou o detetive. — Como está esta manhã? É agradável um pouco de sol no mês de janeiro, não é verdade? Agora, preste atenção. Vou dizer-lhe o que tem a fazer e, se quer um conselho, faça-o sem discutir. Encha uma ou duas malas, como se fosse ausentar-se aí por uns quinze dias, percebe? Muito bem. Diga à criada que estará fora mais ou menos uma semana. Ela que chame um táxi, leve as malas ao depósito de bagagens da estação de Euston e traga de volta o talão. Quando regressar, esteja vestida para uma viagem de comboio. Peça-lhe o talão. Demorará tudo isto cerca de meia hora, de modo que estará pronta para sair de casa às dez e meia. Parta a essa hora. Percorra a Victoria Street até chegar à Times Furnishing Company. Em frente do edifício estará um tipo com cerca de um metro e setenta, com chapéu de coco e a fumar cachimbo de espuma do mar; o homem chama-se Henry Kells. Entregue-lhe o talão de depósito das bagagens. Não precisa de falar com ele. Depois disso, apanhe um táxi para os apartamentos de Delvine

Court, South Kensington. Alugue um deles por uma quinzena. Farei que as bagagens lhe sejam aí entregues esta tarde. Não é muito complicado, pois não?

— Não acho que seja particularmente difícil — concordou Cynthis com voz fatigada. — Mas parece-me bastante melodramático. Será de facto necessário tudo isso?

— Faça o que lhe digo. Caso contrário, aposto seis contra quatro em como passará a noite na cadeia de Brixton — afirmou Callaghan em tom alegre.

Fez-se um momento de silêncio. Depois, Cynthis inquiriu:

— Entrou em contacto com Willie Meraulton? Ele sabe o que o senhor tenciona fazer... quanto a todos estes misteriosos movimentos secretos? Willie aprova?

Callaghan sorriu para o bocal do telefone.

— Claro que sim! Inteiramente! — mentiu ele com facilidade. — O Sr. Meraulton disse para fazer o que eu lhe recomendasse.

— Está bem. Farei como diz — assentiu ela.

Callaghan apercebeu-se do antagonismo existente na voz de Cynthis; não gostava dele. Esse pensamento divertiu-o.

— Muito bem, minha senhora — replicou o detetive. — Irei ter consigo durante o dia de hoje ou à noite. Se eu fosse a si, não saía e deixava-me ficar em casa a ouvir as notícias da rádio. Os apartamentos também têm gramofones incorporados. Até mais ver, *Miss* Meraulton.

Desligou e, instantes depois, marcava outro número, o de Kells, dando-lhe instruções para que esperasse por Cynthis no exterior da Times Furnishing Company e para que fosse buscar as malas à estação de Euston e as entregasse nos apartamentos de Delvine Court.

Terminada a conversa telefónica, Callaghan pôs o chapéu e acendeu outro cigarro. Depois pegou no maço de notas e juntou duas de dez libras à carta para a senhoria, endereçou o sobrescrito, encostou-o ao relógio colocado sobre a cornija da lareira, para que ela o visse com facilidade. Então desceu as escadas devagar e saiu para a rua.

Encaminhou-se para Holbom e entrou numa barbearia. Cortou o cabelo, barbeou-se e massajou o rosto. Enquanto isso decorria, permaneceu recostado na cadeira, descontraído e mergulhado em pensamentos profundos.

Massajado e barbeado, entrou numa loja e, vinte minutos depois, saía vestindo fato, sobretudo e sapatos novos em folha. Estava agora muito elegante. A vestimenta nova dir-se-ia ter feito nascer nele peculiares características de personalidade anteriormente não observáveis.

Comprou um exemplar do *Daily Sketch*, entrou no Slaters, pediu uma chávena de café e um maço de *Player's* e instalou-se. Passou em revista as fotografias do jornal antes de ler as notícias, entre as quais figurava a do homicídio:

AUGUST MERAULTON ASSASSINADO

Na noite passada, um agente da polícia descobriu o cadáver de August Meraulton, um dos homens mais ricos da atual década, cujas excentricidades foram notícia na imprensa de diversos países durante os últimos cinco anos.

Foi atingido por um tiro na cabeça, disparado a curta distância e morreu pouco tempo antes de ser encontrado. Não tinha chapéu nem sobretudo. De manhã cedo, os detetives que se ocupam do caso descobriram a pistola automática Colt de calibre 22 que disparou uma bala, oculta num dos canteiros de flores junto ao gradeamento sul da praça.

O inspetor-detetive Gringall, um dos mais novos e brilhantes funcionários da Scotland Yard, encarregado do caso, procura entrar em contacto com qualquer pessoa que tenha visto, na noite passada, na proximidades da morgue de Ensell Street, um homem que corresponda à seguinte descrição:

Quase um metro e setenta de altura, magro e de rosto redondo, com tendência para bochechas. Tem fala pastosa e usa chapéu bastante inclinado para a testa. Veste impermeável grosseiro e muito sujo. Se o leitor julga ter visto este homem quer em Ensell

Street quer nas vizinhanças da cabina telefónica situada no cruzamento da referida rua com a Green's Passage, é favor telefonar para o número 999. Poderá assim ajudar a polícia.

Callaghan sorriu. Havia muito poucas hipóteses de o reconhecerem a partir da descrição feita por Tweest. O facto de ter levantado a gola do casaco fizera que parecesse mais baixo e as duas folhas da lista telefónica tinham-no provido de «bochechas». Aliás, Gringall poderia pensar o que quisesse; suspeitar era uma coisa, mas provar era outra bem diferente.

Terminou o café, pagou a conta e saiu. Na rua, chamou um táxi e ordenou ao motorista que o conduzisse à Meraulton Estales and Trust Company, na Lower Regent Street. Dez minutos depois encontrava-se no gabinete de Willie Meraulton.

Gostou do aspeto de Willie. Achou-o decente. Ombros largos, cabelo claro, olhos assaz distanciados e testa inteligente. Representava uma classe a que Callaghan votava mais do que uma inconfessada admiração. Quando entrara no gabinete, Willie lançara-lhe um olhar rápido e inquisitivo. Sorrindo para si próprio, Callaghan soube exatamente o que se passava na mente do outro.

Willie indicou-lhe uma cadeira e o detetive sentou-se. Tirou um cigarro da caixa que Willie lhe estendeu, examinou-o, verificou tratar-se de tabaco turco e devolveu-o à procedência. Acendeu um dos próprios cigarros. Depois principiou a falar em voz suave. Manobrou de modo a transmitir ao discurso e ao tom de voz uma nota de subserviência. Fê-lo deliberadamente; a técnica com homens como Willie Meraulton tinha de ser diferente.

— Sr. Meraulton — começou Callaghan —, creio que ambos conhecemos os apuros em que nos achamos. Seja como for, o senhor sabe que está metido em apuros e, quando eu acabar de falar, compreenderá que o mesmo se passa comigo. Vou dizer-lhe o que penso e depois o que me proponho fazer quanto ao assunto. Não tenho muito tempo porque, ou muito me engano, ou as coisas irão passar-se com grande rapidez e gosto de adiantar-me aos acontecimentos.

Willie fez um sinal afirmativo com a cabeça. Os seus olhos não se despregavam de Callaghan, avaliando-o.

— Cynthis Meraulton, que me disse estar noiva do senhor, foi procurar-me ao meu escritório na noite passada — informou Callaghan. — Quando entrou, notei-lhe os sapatos molhados. Compreendi que andara a pé, perguntando a mim próprio porque o fizera. Disse-me que o senhor lhe sugerira que viesse ter comigo por indicação de Fingel, pois esperava problemas de determinado género provocados por um ou por todos os seus irmãos. Achei que se tratava de uma hora bastante imprópria para falar comigo. Disseram-me que o senhor me telefonara para o escritório durante toda a tarde, mas julguei que pretendesse marcar encontro para hoje. Foi assim?

Willie fez um sinal afirmativo, asseverando:

— De facto, foi.

O detetive prosseguiu:

— Bastante tarde na noite passada, soube notícias frescas. Soube que August Meraulton fora encontrado morto a tiro em Lincoln's Inn Fields. Quando ouvi a notícia, recordei-me dos sapatos molhados de *Miss* Meraulton. Sou obrigado a falar-lhe neste pormenor. Notei que estavam molhados, mas não muito. Assim, veio-me à ideia que *Miss* Meraulton não caminhara durante muito tempo, que talvez tivesse vindo de carro, deixando-o algures e fazendo o resto do trajeto a pé. Fiquei com a impressão de que os sapatos dela estavam molhados como se tivesse feito apenas um certo percurso nas vizinhanças do meu escritório, vinda de algum local perto de, digamos, Lincoln's Inn Fields. Ocorreu-me que talvez *Miss* Meraulton tivesse matado o velhote, marcando encontro com ele no referido local e dando-lhe um tiro. Telefonei-lhe a pedir-lhe que voltasse ao escritório às duas e meia. Falei-lhe na minha convicção de ela ter matado August Meraulton e não negou. Muito bem, acho que poderei livrá-la desse sarilho. Basta-me alterar a hora a que esteve no escritório. Em tribunal, a minha palavra vale tanto como a de qualquer outra pessoa. Como vê, Sr. Meraulton, estou a pôr todas as cartas na mesa — concluiu Callaghan com um sorriso rasgado.

Willie Meraulton nada disse. Lia-se-lhe perturbação no olhar.

O detetive interrompeu o silêncio:

— Neste momento, tento colocar-me na posição de Gringall, o homem da Yard incumbido do caso. Gringall trabalha depressa. Não deixa que a erva lhe cresça debaixo dos pés. Poupemos palavras e responda-me a algumas perguntas, Sr. Meraulton.

Willie olhou através da janela e disse com sobriedade:

— Dir-lhe-ei tudo o que puder. Tudo quanto possa ajudar Cynthis.

— Pois bem — replicou Callaghan com suavidade. — Vamos assumir que a primeira sugestão que *Miss* Meraulton lhe fez quanto a correr perigo se verificou há apenas alguns dias. Vamos assumir também que o senhor lhe deu o dinheiro, as quinhentas libras, nessa altura, logo que fez perguntas a meu respeito a Fingal e este lhe garantiu ser eu o homem adequado para tratar do assunto. Será assim?

Meraulton voltou a abanar a cabeça num gesto afirmativo:

— É. Mas por que...?

Sorrindo, Callaghan interrompeu-o:

— Escute, Sr. Meraulton. O senhor estava loucamente apaixonado por Cynthis e isso não me admira. Creio que ainda esteja. Tente compreender a minha posição. Não desejo fazer a *Miss* Cynthis uma porção de perguntas quanto ao que se passou entre os dois; prefiro fazê-las a si. Quando obtiver resposta, não será necessário debater de novo o assunto com ela. Vamos a isto. Esteve com Cynthis ontem à noite?

— Não — afirmou Meraulton. — E penso que é de facto melhor perguntar-me a mim o que quiser, para a não perturbar demasiado. Por vezes, Cynthis tende a mostrar-se temperamental, a não se recordar muito bem das coisas. No entanto, estive para encontrar-me com ela. Telefonei-lhe ontem de manhã, convidando-a a ir ao teatro. Aceitou o convite. Mas depois telefonou-me às sete horas dizendo que preferia não ir por estar com dor de cabeça. Não nos vimos depois disso. Não adianta dizer o contrário porque fui jantar ao clube e fiquei lá a jogar bilhar até à uma da madrugada.

Willie fez uma pausa e depois prosseguiu:

— Outra coisa: quando Cynthis discutiu o assunto comigo, o que fizemos pouco depois do jantar dado por August Meraulton ao qual todos comparecemos, não me disse que só ela corria perigo. Garantiu-me que August lhe confidenciara estar à espera de problemas, mas criados por um ou todos os quatro sobrinhos, sendo muito provável que ela estivesse incluída nesses problemas.

Willie levantou-se e começou a passear pelo gabinete. Callaghan via-lhe as veias das têmporas latejando. Interrompeu a caminhada em frente do detetive privado.

— Tem a certeza de que ela fez aquilo? — inquiriu. — A certeza absoluta?

— Não, senhor — disse Callaghan, fixando o outro com à-vontade e um sorriso oblíquo, um sorriso de entendimento que significava abertamente: «Nós compreendemo-nos, Meraulton. Vou impingir-lhe uma porção de mentiras, porque é isso que quer ouvir. Assim, lá vai».

»Agora não tenho — prosseguiu Callaghan. — Não tenho desde que o senhor me disse que August Meraulton garantira a Cynthis estar à espera de que os seus irmãos lhe causassem problemas, estando ela talvez incluída neles.

Willie Meraulton instalou-se à secretária. Tinha o desânimo estampado no rosto.

Callaghan levantou-se. Percorreu a distância que mediava entre a cadeira onde se sentara e a secretária e ficou em pé em frente dela, a mão apoiada no tampo polido. Sabia que dominava a situação e agradava-lhe tal pensamento.

— É esta a minha ideia — esclareceu, fitando Meraulton com o mesmo sorriso oblíquo. — Segundo penso, o seu tio sabia ter algo a recear dos sobrinhos, quer individual quer coletivamente. Sabia ainda que, por motivos que parece não ter revelado, a enteada Cynthis também corria perigo. Ela contou-lhe tudo isto, o senhor pôs-se em campo, ficou a saber da minha existência e achou que devia contratar-me como uma espécie de cão de guarda. Assim, entregou as quinhentas libras a Cynthis, para despesas. Por uma razão qualquer, Cynthis não me foi procurar nessa altura, como deveria ter feito.

Felizmente ou infelizmente, esperou até ontem à noite e apareceu então obedecendo a um impulso, depois de falar consigo ao telefone e o senhor lhe dizer que me telefonaria a marcar a hora da visita. Por algum motivo, talvez um impulso irrefletido, depois de ter desmarcado o vosso encontro, apresentou-se ontem à noite no meu escritório e, por sorte dela, poderei atestar a sua presença ao pé de mim quando August Meraulton foi morto.

Callaghan interrompeu-se por momentos. Poisou o olhar em Willie e os seus olhos continuavam a sorrir. Depois prosseguiu:

— Claro que tanto eu como o senhor temos a certeza de que isso não é verdade. Sabemos que ela chegou ao escritório logo após o crime. Sabemos que o velhote foi morto numa altura que daria tempo a Cynthis para chegar ao escritório à hora que chegou, depois de percorrer o lado leste de Lincoln' s Inn Fields, de atravessar a ruela que liga a Holborn e de descer Chancery Lane depois de ele ter sido abatido a tiro. Mas não somos obrigados a dizê-lo a ninguém, Sr. Meraulton.

Acendendo novo cigarro, o detetive prosseguiu:

— Perguntei a Cynthis o que fizera desde as onze horas e não me disse; limitou-se a chorar. Tirei disso as minhas conclusões e recomendei-lhe que se agarrasse ao falso álibi de ter estado comigo durante o período de tempo crítico.

Willie pegou numa faca de papel e disse:

— É muita bondade sua, Callaghan, mas não resulta. A polícia obrigá-la-á a confessar tudo. Os interrogatórios policiais podem ser bem duros, como sabe.

— Duros como o diabo! — concordou Callaghan. — Mas a polícia não lhe fará perguntas por algum tempo. Já tratei disso. Nem sequer saberá onde encontrá-la.

Sentou-se na esquina da secretária.

— Diga-me uma coisa, Sr. Meraulton: que género de pessoas são os seus irmãos?

Willie franziu o sobrolho, replicando:

— Pessoas bastante indesejáveis. Nada os detém quando se trata de arranjar dinheiro. Todos eles andam atrás disso. Bellamy está desesperado. Tem de obter dinheiro de qualquer modo. Tudo fará nesse sentido.

— Mas que fez ao dinheiro que recebeu? — perguntou Callaghan.

— Mulheres... — elucidou Meraulton laconicamente.

— Quem é a eleita neste momento? — quis saber o detetive.

Willie apunhalou o mata-borrão com o corta-papéis, esclarecendo:

— Uma francesa particularmente bonita e extraordinariamente detestável, uma atriz chamada Gallicot. Porquê?

Mergulhado em pensamentos, Callaghan não deu resposta. Por fim perguntou:

— Que sabe o senhor acerca dos chapéus de August Meraulton?

Willie ergueu as sobrancelhas, admirado.

— Chapéus?! Porquê chapéus?

— Se me responder, dir-lhe-ei depois o porquê da pergunta — asseverou o detetive.

Meraulton pensou por momentos e esclareceu em seguida:

— Não me parece que alguém o tenha visto usar mais do que um determinado tipo de chapéu. Brincávamos com ele por causa disso. Usava um chapéu de feltro cor de ardósia. Sabe como é... um chapéu vulgar com orla debruada a condizer. Costumava adquiri-los na Greene's em Dover Street. Comprava o número 7 e 1/8, um pouco grande para ele, e punha papel mata-borrão branco dentro da tira interior. Dizia servir-lhe assim perfeitamente.

— Estou a ver — interveio Callaghan. — Continue.

— Na semana passada, gracejámos a propósito do chapéu — prosseguiu Meraulton —, e ele disse que ia comprar outro algures, mas que teria de ser mais barato do que os vendidos pela Greene's. Achava-os demasiado caros.

— Ótimo! — exclamou Callaghan. — Isso é muito bom.

— Suponhamos que aquilo de ontem à noite não aconteceu, Sr. Meraulton. Suponhamos que o velhote continua vivo. Se lhe perguntassem qual a pessoa que maior desejo teria de eliminá-lo, que responderia?

Willie garantiu sem hesitar:

— Bellamy. Ele acima de todos. Tinha aversão ao velho, detestava-o... mesmo mais do que Cynthis.

— Eu não comentaria tal coisa com mais ninguém — advertiu Callaghan com uma careta. — Mas por que motivo Cynthis o detestava?

— Tinha todos os motivos para fazê-lo. August era uma pessoa terrível: cínico, mal-humorado e, em certas alturas, absolutamente demoníaco. Fazia a vida negra a Cynthis, transformando-lha num inferno. Comportava-se como um espírito maligno. Não que com os outros se passasse o contrário. Bellamy via nele o demónio. Penso que teria sido capaz de matá-lo. Infelizmente, não há possibilidade disso. Ontem, às dez da noite, os quatro foram ter comigo ao clube para que lhes servisse de fiador para o novo empréstimo por conta do que teriam a receber de August. Apresentaram a hipótese de receberem o dinheiro se a Meraulton Estates Company, que eu administro, garantisse o testamento original e o empréstimo com o património mobiliário. Escusado será dizer que recusei. Depois disso, Paul, Percival e Jeremy foram para uma das suas digressões noturnas e Bellamy, segundo depreendi, foi ter com a amada.

— Onde vive ela? — quis saber Callaghan.

— Acho que num apartamento em Gordon Square.

— Assim, todos eles possuem álibis — comentou o detetive, acendendo outro cigarro. — O maldito grupinho tem álibis!

Meraulton levantou-se e foi postar-se junto da janela a olhar para o exterior. Tinha os ombros muito curvados e parecia completamente abatido. «Era bastante duro para ele», pensou Callaghan. Bastante duro estar apaixonado, enquanto a a amada se confrontava com um crime de morte. Mas Willie estava a aguentar-se bem; aquele tipo de gente aguentava sempre tudo muito bem.

Meraulton deixou de observar a rua, virou-se e inquiriu:

— Que havemos de fazer, Callaghan? Que vai fazer?

O detetive desceu da secretária e enfiou as mãos nas algibeiras.

— Tem de compreender que a minha profissão é bastante dispendiosa, Sr. Meraulton — comentou. — Sai muito cara. Claro que o senhor se mostrou bastante generoso, mas as diligências até agora feitas foram já de grande monta...

As narinas de Willie dilataram-se e inquiriu:

— Quanto quer mais?

— Acho que irei necessitar de outras trezentas libras, pelo menos — esclareceu Callaghan. — Com mais trezentas, penso que quase não terei problemas.

Voltou a procurar no bolso o maço de *Player's*. Willie encaminhou-se para um móvel, abriu-lhe a gaveta e tirou de dentro dela algumas notas. Separou trinta de dez libras e empurrou-as por sobre o tampo da secretária na direção do detetive. Callaghan apossou-se do dinheiro e fê-lo desaparecer na algibeira. Depois voltou a sentar-se.

— Escute, Sr. Meraulton — disse com suavidade. — Que isto fique bem claro entre nós. Sei como se sente e apoio inteiramente; também já estive apaixonado — sorriu para si mesmo a tais palavras. — Sei como é. Muita coisa vai depender desse tal chapéu de que me falou, do chapéu cinzento que August Meraulton costumava usar, do seu único chapéu. Irão com certeza encontrá-lo em casa dele; na noite passada, August não o levava. Neste pormenor, o destino trabalha a nosso favor, pois outras pessoas além do senhor poderão atestar que August tencionava adquirir um chapéu novo, conforme afirmou na semana passada, não pretendendo fazê-lo na Greene's, em Dover Street, por considerá-los aí demasiado caros.

»Muito bem. Assim sendo, poderá tê-lo comprado numa outra loja londrina, não se sabe qual, onde casualmente tenha visto algum que que agradasse. Eis aquilo a que chamo uma situação bastante interessante, uma situação de que poderemos tirar grande partido.

Pegou no chapéu, aconselhando:

— Mantenha-se firme, Sr. Meraulton e não se preocupe. Ver-nos-emos dentro de um ou dois dias e talvez nessa altura possa informá-lo de mais alguma coisa. Entretanto, responda-me a duas perguntas: primeiro que tudo, onde mora Bellamy?

— Tem um apartamento em Pointer Mews, Chelsea, do lado do Embankment — comunicou Willie. — No número doze.

— Irei dar-lhe duas palavrinhas esta tarde — garantiu Callaghan. — Apenas uma conversa amigável. Entretanto, esqueçamos o que agora dissemos. A outra coisa que pretendo saber é quando pensam casar-se, o senhor e *Miss* Meraulton.

Willie fitou o detetive, perguntando:

— Isso tem algo que ver com o caso? Se quer saber, não falávamos muito sobre o assunto. August Meraulton opunha-se com a maior firmeza ao casamento de Cynthis com qualquer um. Parte dos problemas derivava disso. Esperava que ela permanecesse a seu lado, a cuidar da casa como uma governanta sem salário e escutando-lhe as imbecilidades durante todo o santo dia.

Willie levantou-se e asseverou:

— Desejo casar com ela de imediato. Quero que compreenda que tem pelo menos um amigo. Só Deus sabe como irá precisar deles!

— Tem razão quanto a isso, Sr. Meraulton — concordou Callaghan com ar contristado. — Mas acho que o casamento não é aconselhável neste preciso instante. Terá de esclarecer-se primeiro o assunto e poderão depois casar-se na Igreja, com muitas flores, música de órgãos e tudo o mais. É uma pena casar com uma mulher como Cynthis apenas pelo registo. Não, quando ela casar, terá de ser de vestido branco de cetim e de flores de laranjeira. Bem, vou andando.

Willie ergueu a mão a detê-lo e disse:

— Apenas mais uma coisa, Callaghan. Não sou pobre e darei tudo quanto possuo para salvar Cynthis. Mas o assunto já me custou oitocentas libras em vinte e quatro horas. Detestaria pensar que as trezentas libras que agora lhe entreguei representem o mero pagamento do seu silêncio quanto ao que sabe acerca de Cynthis.

Callaghan pareceu indescritivelmente ofendido, replicando com ar severo:

— A Callaghan Investigations não faz chantagem com os seus clientes.

Encaminhou-se para a saída. Quando se voltou, fitando Willie, o rosto desanuviara-se-lhe já e disse:

— É possível que tenha de contactar consigo a qualquer momento. Onde poderei encontrá-lo?

Meraulton forneceu-lhe a morada e o número telefónico. O detetive repetiu-os, gravando-os na memória. Colocou a mão sobre o fecho da porta.

— Ainda outra coisa — observou. — Penso ser preferível que não entre em contacto com *Miss* Meraulton. Se lhe telefonar, não atenda, incumba alguém de transmitir-lhe que se ausentou da cidade. Há bons motivos para que se proceda assim. Dentro em breve, se não já neste instante, a polícia colocará sob escuta todos os telefones. Pelo mesmo motivo, também não estarei no meu escritório. Gringall é um tipo muito coerente. Adeus, Sr. Meraulton.

Callaghan saiu e fechou a porta devagar.

Às três da tarde, dirigiu-se à Lyons, em Shaftesbury Avenue. Darkie estava instalado a uma mesa de canto, no primeiro andar. Afetava um ar de indiferença estudada. Callaghan sentou-se. Darkie vasculhou a algibeira interior do sobretudo volumoso e exibiu duas ou três folhas de papel dobradas. Empurrou-as por sobre a mesa em direção a Callaghan.

— Tens aí muito com que te entreteres, Slim — informou. — Trabalhei depressa. Talvez esta noite consiga mais alguma coisa.

— Espero ainda andar por aí à noite para saber de que se trata — replicou Callaghan sorrindo, mas em tom um tanto lúgubre.

Pediu um café e pôs-se a fitar a mesa mecanicamente, absorto em pensamentos.

— Tem imensa piada, Darkie — comentou. — Pomo-nos em campo para descobrir determinada coisa, sabemos que vamos descobri-la e, afinal, isso não acontece; encontramos algo diferente daquilo que esperávamos.

Depois acrescentou:

— Escuta, Darkie, quero que me faças duas coisas, mas sem qualquer engano. Vou-me embora dentro de pouco tempo e, assim que eu sair, fazes uns telefonemas a fim de contactares com o tipo que trabalhou connosco no caso Garse. Lembras-te dele... do falso marquês? Pergunta-lhe se quer ganhar uns cobres. Diz-lhe que se deixe ficar no poiso habitual, pois talvez tenha de falar com ele. Chama-se Ribbinholt ou Rivenholt ou qualquer coisa parecida, não é?

Darkie fez um gesto afirmativo com a cabeça.

— Há outra coisa que quero que faças — continuou o detetive. — Daqui a pouco, às quatro, vou falar com um tipo em Chelsea, um tipo chamado Bellamy Meraulton. Devo lá estar às quatro em ponto. Às quatro e um quarto, telefonas para casa dele; descobre-lhe o número na lista. Quando o fulano atender, empata-o, fala de qualquer coisa que inventes. Diz-lhe tratar-se de uma experiência da companhia dos telefones, por exemplo, ou faz-te passar por inspetor sanitário que quer saber informações sobre esgotos. Conversa com ele sobre o que mais te agradar, mas mantém-no ocupado durante quatro a cinco minutos. Percebeste?

— Percebi — afirmou Darkie, baixando os olhos e prosseguindo pouco à vontade. — Não te estarás a enredar em alguma coisa de onde não conseguirás sair, Slim? Eu conheço-te, e se há mulher metida no caso, és muito capaz de ser tão ingénuo como o colegial mais estúpido.

— A ficar sentimental? — inquiriu Callaghan, fitando-o. — Não tarda nada fazes-me chorar. Bem, até logo e não te esqueças do Ribbenhall ou lá como se chama. Não te esqueças também de fazer o telefonema às quatro e um quarto em ponto. Até depois.

Engoliu o resto do café, levantou-se e saiu. Desceu a Shaftesbury Avenue até Long Acre e depois entrou no Strand. Descobriu aí um chapeleiro. Experimentou diversos chapéus de cores diferentes. Por fim, adquiriu um de feltro cor de ardósia, de tamanho 7 e 1/8, com orla condizente.

Em seguida, encaminhou-se para Charing Cross. De passagem, entrou noutra loja e comprou uma lâmina de barbear e fita adesiva.

Prosseguiu a deambulação. Numa pastelaria de Charing Cross, engoliu duas chávenas de chá. Meditava no assunto, centrando o pensamento em pequenos pormenores, em factos essenciais.

Foi às casas de banho públicas. Estavam desertas. Desfez o embrulho onde vinha o chapéu e deitou o papel da embalagem no cesto do lixo. Depois humedeceu a mão e esfregou a tira interior do chapéu até esta adquirir aspeto de usada. Abriu o invólucro de lâmina e, com ela, praticou um golpe profundo no indicador da mão esquerda. Deixou o sangue correr livremente e fez que pingasse sobre a face interna da aba do chapéu, na parte da frente, de modo a manchar a tira interior de cabedal.

Ficou satisfeito com o trabalho, lavou o dedo cortado, colocou adesivo sobre a ferida, meteu o chapéu novo no bolso interior do sobretudo e saiu.

Já na rua, tomou um táxi e disse ao motorista que o levasse ao fim da rua do extremo de Embankement que conduzia a Pointers Mews, em Chelsea. Recostou-se no assento e descontraiu-se. Começou então a sorrir; estava a divertir-se.

Capítulo 4
Retrato de um perito na arte de mentir

Callaghan permaneceu por instantes em frente do número doze de Pointers Mews («apartamentos independentes, luxuosos e artísticos para pessoas de posição») com o dedo a premir a campainha da porta e o chapéu cinzento oculto debaixo do sobretudo e firmemente seguro entre o braço esquerdo e o tronco. Quando a porta se abriu, emoldurou a figura de um criado, que o olhou com franca hostilidade.

— O Sr. Meraulton não está em casa — informou laconicamente. — E não receberá ninguém, seja em que circunstâncias for.

Callaghan sorriu, um sorriso cheio de piedade.

— Não acredite nisso — replicou em tom suave. — E não se arme em insolente, pois posso meter-lhe a mão nessa cara estúpida. Diga ao Sr. Bellamy Meraulton que o Sr. Slim Callaghan da Callaghan Investigations quer ter com ele uma breve conversa. Informe-o também de que, se a ideia de falar comigo lhe não agradar, o prejudicado será ele e não eu. Vamos, despache-se!

O homem teve um segundo de hesitação e depois voltou costas ao visitante. Sem ser convidado, Callaghan seguiu-o pelo vestíbulo. Parou então, enquanto o criado percorria o átrio, e adentrou no compartimento fronteiro à porta de entrada. Quando regressou, fez sinal ao detetive para que o seguisse.

Callaghan entrou na sala onde o criado desaparecera momentos antes. Em frente, quase sumida na obscuridade, anichada numa cadeira de braços colocada face à lareira, achava-se uma figura corpulenta.

Bellamy aparentava cerca de quarenta e seis anos. Tinha o crânio completamente calvo. Os olhos eram azuis-claros e moviam-se sem descanso de um lado para o outro. A extremidade do nariz, sobretudo a parte inferior das narinas, coloria-se de um tom azulado. Callaghan notou esse pormenor. Entre outras coisas, Bellamy também se drogava! A cor azulada indicava consumo de cocaína.

Bellamy principiou a falar em voz dura, abrupta e cínica. As palavras, pronunciadas com precisão, explodiam como tiros de pistola:

— Que deseja? Quem diabo é Slim Callaghan? Que me quer com a sua Callaghan Investigations, seja o que for que esse nome signifique?

Mudou de posição no assento e as pregas do casaco de seda azul e pérola captaram os reflexos do fogo.

O detetive permaneceu imperturbável. Depositou o chapéu na mesa que lhe ficava mais perto e instalou-se na cadeira de braços em frente daquela onde se sentava o dono da casa. Da algibeira do casaco, tirou o maço de *Player's*. Acendeu um cigarro com gestos descontraídos e, durante todo o tempo, os seus olhos duros e fixos não deixaram de fitar Bellamy diretamente.

— Escute, Sr. Bellamy — disse Callaghan por fim. — Sei que não se importa de que o trate assim. Faço-o para distingui-lo do resto do quarteto. Não quero criar a confusão dentro do meu cérebro, percebe?

Aspirou profundamente o fumo do cigarro. No outro extremo da lareira, Bellamy tinha a respiração acelerada.

— O caso é que — prosseguiu o investigador, expelindo fumo pelas narinas —, me acho metido numa certa embrulhada. E, quando tal me sucede, procuro sempre fazer o que está certo, aquilo que a honestidade impõe.

Fez uma pausa. Havia na sua voz uma nota aliciante, uma sibilância a sugerir inteira honestidade de propósitos, uma suprema integridade moral. Quando mentia, todo o seu ser se concentrava nos bons resultados da mentira em causa. Tanto o teatro como o mundo do cinema tinham perdido um excelente ator.

Embora em luta contra si próprio, Bellamy sentia-se interessado. Inclinou-se para a frente na cadeira, arrastando atrás dele, com certo esforço, o estômago dilatado.

— O que vou dizer — prosseguiu Callaghan —, talvez não lhe interesse grandemente ou talvez sim. Mas correrei o risco. Se pensa, porém, que vim aqui pregar-lhe uma boa partida apenas pelo prazer de suportar-lhe as más-criações ou as de qualquer outra pessoa, é melhor que pense duas vezes.

O rosto de Bellamy desanuviou-se num sorriso relutante. Por motivos obscuros, Callaghan deu por si a pensar naquela espécie de cobra-de-água americana denominada «mocassim», naquele animal temível cuja mordedura provoca uma morte lenta e penosa.

— Lastimo parecer rude, Sr. Callaghan — desculpou-se Bellamy. — Mas estou perturbado, preocupado. É compreensível, dadas as circunstâncias.

Levantou-se, dirigiu-se ao bar e serviu-se de uma bebida. Encarou o detetive e fez-lhe sinal a indicar a garrafa de *whisky*. Callaghan declinou a oferta abanando a cabeça.

— Não, obrigado — recusou. — Neste assunto, preciso de manter ideias claras. Tenho a impressão de que o senhor está metido em sarilhos ou que corre certo perigo. Desconheço qual seja. Mas fiquei durante todo o dia a perguntar a mim mesmo qual o meu dever e cheguei à conclusão de que deveria vir ter consigo e pôr as cartas na mesa.

Bellamy regressou à cadeira em frente do fogo e não replicou. Callaghan prosseguiu:

— Na noite passada, como sabe, August Meraulton foi assassinado em Lincoln's Inn Fields; alguém lhe deu um tiro. Acontece que sei uma ou duas coisas sobre o assunto e acontece também que tenho algumas ideias próprias a respeito do acontecido. Quando me consultam sobre determinado caso, fica em segredo tudo quanto os clientes me confidenciam, já que a Callaghan Investigations nunca deixa ficar mal os seus clientes. Mas, ao mesmo tempo, não sou homem para cruzar os braços enquanto vejo um inocente implicado num homicídio que não cometeu.

Apagou o cigarro, muito embora ainda estivesse longe de chegar ao fim e, friamente, retirou outro do maço. Pelo canto do olho, via o dedo mínimo, branco e gorducho da mão direita de Bellamy a tamborilar no braço da cadeira. Acendeu o cigarro, permanecendo em silêncio.

Bellamy sorriu de novo, um sorriso de entendimento que lhe distorceu o rosto gordo e vicioso, tornando-lhe mais salientes os olhos azuis.

— Presumo que isso me diga respeito, Sr. Callaghan — disse Bellamy.

— Se diz! — exclamou Callaghan com ar entendido. — Diz-lhe respeito e de que maneira!

Bellamy cruzou as mãos por sobre o estômago, asseverando:

— O caso está quase a interessar-me. Continue, por favor.

O detetive adivinhou que o outro mordera o isco e mentiu:

— Quando, há dias, me incumbiram do assunto, Sr. Bellamy, um assunto de carácter confidencial que, claro, nada tinha que ver com o crime, pois este ainda se não verificara, fiquei em posse de certos dados. Na altura, pouco significavam. Mas, relacionados com o facto de August Meraulton ter sido assassinado, passam a ser muito significativos e, quer o senhor acredite quer não, são para si da máxima importância.

Fez uma pausa para produzir maior efeito. E, nesse breve lapso, permitiu-se um fugaz sentimento de admiração por si próprio, pelas belas mentiras que com tamanha facilidade lhe escapavam dos lábios. Em seguida, continuou:

— Se já leu os jornais, e não duvido que o tenha feito, sabe que a polícia tenta deitar mão a um homem que foi visto na noite passada em Ensell Street. Provavelmente, o senhor ter-se-á interrogado sobre os motivos que levaram esse indivíduo a agir assim, e porventura adivinhou-os. O homem roubou aquilo que a polícia julga esclarecer o móbil do crime, ou seja, o testamento de que o seu tio lhe falou na semana passada e que trazia consigo na caixa do relógio. Mas não vim aqui responder a perguntas, Sr. Bellamy. Vim dizer-lhe certas coisas e, depois de dizê-las, perguntar-lhe se deseja os meus serviços na qualidade...

Nesse instante, o telefone tocou. O som da campainha interrompeu a cadência suave das palavras de Callaghan, que não fez a mínima tentativa para prosseguir. O criado surgiu à porta, anunciando:

— Está uma pessoa ao telefone que diz ser do Silver Pirate Club. Deseja falar com o senhor pessoalmente.

O detetive sorriu de si para si. Darkie tivera uma boa ideia com aquele negócio do Silver Pirate Club!

Bellamy levantou-se e saiu da sala. Quando deixou de ouvir-lhe os passos no vestíbulo, Callaghan olhou rapidamente em redor. No canto oposto da divisão, havia um relógio antigo com pedestal de madeira. Movendo-se com a rapidez e a ausência de ruído de um felino, o investigador dirigiu-se ao objeto, retirou do esconderijo, sob o sobretudo, o chapéu cinzento e ocultou-o por detrás do relógio, no ângulo formado pelas duas paredes, empurrando-o o mais possível para debaixo do móvel. Depois, com a mesma celeridade de movimentos, voltou a instalar-se no assento. Fumava e olhava para o teto quando Bellamy regressou à sala e se sentou de novo no lugar antes ocupado.

— Estava a dizer, Sr. Callaghan, que talvez eu desejasse recorrer aos seus préstimos. Por que motivo?

— Preveni-o de que não responderia a perguntas e não o farei — replicou o detetive encolhendo os ombros. — Se o senhor for inteligente, e penso que é de compreensão rápida, irá querer que o ajudem.

Callaghan inclinou-se na direção do interlocutor e prosseguiu em tom de urgência:

— Oiça, Sr. Bellamy, segundo penso, a teoria da polícia é a de que August Meraulton não foi morto em Lincoln's Inn Fields, mas sim em qualquer outro lugar, sendo o corpo para aí levado para fazer recair as suspeitas sobre outra pessoa, alguém que não praticou o crime, mas que também não apreciava grandemente o saudoso August.

Callaghan fez nova pausa, para que as palavras produzissem mais efeito. Depois recomeçou a falar em voz lenta e deliberada:

— Quem quer que tenha ido à morgue, fê-lo para se apossar do testamento — garantiu, agitando em frente do outro o indicador. — Quem quer que lá tenha ido, quando o fez, estava a par de tudo acerca do crime. Roubou o documento porque, com isso, lançaria suspeitas sobre o homem que mais tinha a perder se o testamento fosse encontrado. E quem poderá ser esse homem? Ou muito me engano ou é um cavalheiro chamado Bellamy Meraulton, o senhor!

O visado agarrou com força os braços do sofá. Tinha o rosto lívido. O suor humedecia-lhe a testa.

— Se esse testamento aparecer, tanto o senhor como os outros elementos do quarteto nada receberão — disse Callaghan. — Mas, se não aparecer, o homem que dele se apossou sabe que o seu desaparecimento lançará suspeitas sobre qualquer de vocês quatro e foi por isso que ficou com ele. E agora, Sr. Bellamy, acha ou não acha valer a pena que eu tome conta dos seus interesses?

Fez uma pausa e endereçou ao interlocutor um sorriso de benevolência. As mangas do casaco de quarto de Bellamy estavam arregaçadas e Callaghan notou-lhe no braço as marcas produzidas pela seringa hipodérmica. Portanto, Bellamy drogava-se de duas maneiras: aspirava cocaína e injetava-se com morfina. Um tipo estupendo para se conviver!

Meraulton recostou-se no assento, de olhos muito abertos e pupilas dilatadas; estava assustado.

— Que quer de mim? — inquiriu com esforço. — Quanto quer, isto supondo que deseje contratá-lo para zelar pelos meus interesses em geral?

— Aí umas duzentas libras — lançou Callaghan. — Tomar conta de pessoas é tarefa bastante dispendiosa.

— Tanto dinheiro! — exclamou Bellamy, contorcendo-se. — Não o tenho, mas vou dizer-lhe o que farei. Posso entregar-lhe cem libras hoje à noite. Nessa altura, já terei o dinheiro e arranjarei o restante dentro de um ou dois dias. Quero ficar a par de tudo, porém. Quero saber quem pretende tramar-me. Quero saber...

Callaghan ergueu a mão, interrompendo-o. O tom de voz de Bellamy atingira quase a histeria.

— Vai ficar a saber tudo isso, Sr. Bellamy — garantiu. — Sabê-lo-á quando me entregar as primeiras cem libras e não antes. Talvez possa informá-lo hoje à noite.

Levantou-se e olhou o outro com um sorriso amigável. As mãos de Bellamy tremiam. Os seus olhos moviam-se sem descanso por toda a sala, evitando os do detetive.

— Se puder encontrar-se comigo logo à noite, terei o dinheiro — disse. — Terei as primeiras cem libras e quero ficar a saber tudo, a saber o que está a passar. Estarei no Green Signal entre as onze e meia e a uma hora. Vou lá para obter o dinheiro. Fica mesmo à saída de Pallard Place, próximo de Lisle Street. Preveni-los-ei da sua ida para que o deixem entrar. Irá lá ter comigo?

— Esteja tranquilo, Sr. Bellamy — respondeu Callaghan com um sorriso. — Lá estarei. E tomarei conta do seu caso. Boa tarde.

Callaghan atravessou a sala. Junto à porta, virou-se e olhou para Bellamy que regressara ao assento em frente à lareira e fitava fixamente as chamas.

— Não se preocupe — reafirmou. — A Callaghan Investigations não deixa ficar mal os seus clientes.

Se havia na frase vislumbres de zombaria, Bellamy não os captou. Ergueu a vista e fez um sinal de despedida com a cabeça enquanto forçava um sorriso.

Callaghan consultou o relógio; eram cinco e meia. Desceu a rua em direção a Chelsea e parou numa casa de chá, num daqueles estabelecimentos distintos habitualmente geridos por duas velhas donzelas e um gato. Entrou e mandou vir um chá e vinte *Player's*. Instalou-se a uma mesa perto da lareira, a beber e a fumar, inalando o fumo profundamente e expelindo-o devagar pelas narinas.

Após alguns minutos de ruminação, apalpou a algibeira e extraiu dela as folhas de papel que Darkie lhe entregara. Começou a ler a caligrafia precisa e clara, gravando no cérebro os pormenores do texto. Darkie trabalhara com rapidez. À medida que progredia, Callaghan ficava cada vez mais interessado na leitura:

Relatório de 11.1.1938

Caro Slim,

Eis o que apurei até agora. Continuo a trabalhar no caso. Hoje, não me é possível recorrer a Kells, visto ele se ocupar do assunto de que o incumbiste. Mazin está encalhado no seu escritório. Diz que alguém tem telefonado desde as dez da manhã, alguém que não se identificou; pergunta apenas se estás e quando regressas. Mazin informa que foste a Edimburgo, mas a mesma pessoa tem continuado a telefonar, dando a impressão de te julgar um grande mentiroso. Também pus Wilpins a trabalhar. Manobrou lindamente a criada da casa do falecido August Meraulton, em Knightsbridge. Segundo parece, a criada pensa que o mordomo pode revelar uma ou duas coisas, se estiver disposto a isso. Talvez ela saiba de facto qualquer coisa ou então está a armar-se em misteriosa — sabes como as mulheres se comportam quando há um homicídio, arvorando-se em espertas depois do acontecimento, como dizia Napoleão.

O facto mais importante é que o velho August Meraulton tinha um escritório na zona ocidental de Lincoln' s Inn Fields, no número 696B, uma sala no último andar onde por vezes trabalhava. Mantinha-o em segredo. Tomou cuidados excecionais para que nenhum dos sobrinhos, exceto Willie, conhecesse a sua existência. O mordomo disse à tal criada que ouviu August Meraulton falar dele a Willie, fazendo-o prometer que não revelaria o segredo aos irmãos. Não que fosse provável que Willie o fizesse. Conservou a coisa bem secreta dos outros quatro.

Agora, acerca de Willie: diz-se que é boa pessoa; todos gostam dele. Administra a Meraulton Estates and Trust Company, a empresa que gere o património de August Meraulton. O velho August pôs Willie a trabalhar sobretudo por ser talvez o único fulano decente da família e, em segundo lugar, porque é um bom homem de negócios. Certa vez em que se sentia bem disposto, o velho disse ao mordomo que Willie duplicara praticamente a fortuna herdada do pai, Charles Meraulton, e que tinha dedo para as finanças. Willie mora em Cressley Court, mesmo à saída de Park Lane. Paga as dívidas sempre a tempo e horas e é muito considerado por toda a gente. Eis tudo quanto sei dele.

Bellamy é o nosso homem, a verdadeira erva ruim, sem sombra de dúvida. Espanta-me a maneira como consegue não ir parar ao xadrez. Droga-se e passa quase todo o dia na cama ou a vadiar por aqui e por ali e a maior parte das noites em alegres festanças bem regadas no Silver Pirate e no The Green Signal. Os dois clubes pertencem ao mesmo tipo, um homem chamado Arnault Beldoces, sujeito teso que usa seis nomes falsos e que já esteve dentro umas quatro ou cinco vezes; tem um cadastro mais comprido que a Regent Street. É nestes locais que Bellamy se entretém a beber como uma esponja e onde alinha em tudo o mais que lá se passa. Wilpins diz que Bellamy obtém droga em ambos e acha que o dono recebe algum dinheiro extra explorando as más tendências de Bellamy quando este está de maré. Bellamy anda com uma fulana de nome Eulalie Gallicot. É francesa e diz ter sido atriz de primeiro plano. Claro que mente. Wilpins ficou com a impressão de que essa Gallicot é irmã de Beldoces e ajuda a espremer Bellamy quando necessário.

Bellamy detestava o velho August como o diabo. Quando bêbado, fez uma porção de cenas em clubes noturnos e gritou para quem quisesse ouvir o que faria ao velhote se tivesse a mínima oportunidade. Não sei qual a tua ideia quanto ao assunto, mas se andas à cata de um traste de primeira apanha, acho que Bellamy dá um suspeito tão bom como qualquer outro. Ninguém sabe onde arranja o dinheiro. Vive bem e traz sempre as algibeiras recheadas, conquanto todos saibam que gastou, hipotecou e empenhou tudo quanto tinha e que já deve uma boa maquia. Bellamy terá de ir buscar dinheiro algures dentro em breve.

Paul é um estranho tipo de indivíduo. Tem quarenta e quatro anos e trabalha na Walker-Fleet Company como comissionista.

Ganha cerca de seis libras por semana e gasta sessenta. Não bebe tanto como os outros e passa bastante tempo na Somerset House e no Transfer Registry a vasculhar não sei o quê. Desconheço porque o faz. Diz-se, porém, que acha que deveria ter recebido do pai mais do que recebeu. Parece pensar que Bellamy lhe pregou a partida e ficou com mais do que lhe cabia. Paul é solteiro e dir-se-á não ter nenhuma mulher em particular. Interessam-lhe todas por igual... tipas de cabaret.

Percival é outra boa rês. Deveria ser embalsamado e posto numa redoma. Nunca está totalmente sóbrio. Quando não o veem bêbado, pensam que esteja doente. Costuma acompanhar Bellamy e concorda com tudo o que o irmão diz. Bellamy paga--lhe as bebidas e cobra-lhas quando se encontra de mau humor.

Jeremy é um fulano diferente. Possui uma casa com o nome de Show Down, a meio caminho entre High Wycombe e Oxford. Tem lá uma rapariga chamada Mayola Ferrival, uma hispano--americana e quase todas as noites há festa — jogo, bebida e mulheres. Wilpins garante que, quando as pessoas saem de lá ainda com a camisa no corpo, é porque tiveram imensa sorte. Têm sido apresentadas inúmeras queixas contra a casa, mas sem resultado. As pessoas que a frequentam e ficam sem o dinheiro preferem perdê-lo e calarem-se. Jeremy é um duro e não gosta de Bellamy nem de Paul nem de Percival. Eles pagam-lhe na mesma moeda.

Grande parte destas informações provém de Sizer do Blue Jay. Não garanto que sejam exatas, mas Sizer nunca nos deixou ficar mal e parecem seguras. Sizer diz que houve uns dois ou três casos de polícia contra qualquer dos quatro em diferentes ocasiões; porém, de uma maneira ou de outra, sempre conseguiram resolver o assumo com os queixosos. Segundo Sizer, é de espantar como se têm saído bem. Compreender-se-ia se dispusessem de bastante dinheiro para silenciar possíveis queixosos, mas, como não é esse o caso, Sizer acha que devem ser hipnotizadores ou qualquer outra coisa estranha do género.

Depois que comecei a redigir o presente relatório, Wilpins comunicou-me por telefone mais alguns pormenores: a francesa de Bellamy, Eulalie Gallicot, é um caso bicudo. Vive em Clarendon House, perto de Gordon Square, em Bloomsbury (telefone Hol. 56435). Também vive à grande, mas Wilpins desconhece de onde lhe vem o dinheiro, a não ser que Beldoces lho dê. Isso não é muito provável, porém, pois o próprio Beldoces não nada em dinheiro e é bastante forreta.

Aqui vão mais algumas novidades: na noite em que despacharam August, todos os sobrinhos estiveram reunidos a jantar no Blue Jay. Sizer diz que nunca assistiu a uma reunião familiar daquelas. Nem sequer se embebedaram, o que a todos surpreendeu. Saíram cerca das dez horas e, de acordo com a conversa que tiveram, escutada pelo criado que os serviu, todos eles se propunham ir falar com Willie Meraulton. O criado garantiu a Sizer que, pelo que ouviu, iam tentar obter de Willie algum dinheiro ou uma garantia qualquer.

Sizer informou-me que Jeremy foi de novo ao Blue Jay às onze horas, bebeu uns copos e fez uns quantos telefonemas. Depois desapareceu. Mais tarde, também Paul e Percival regressaram ao Blue Jay, cerca da uma e trinta, tomaram uma bebida e dirigiram-se depois para o Silver Pirate. Bellamy não apareceu outra vez e Sizer acha que foi visitar Eulalie.

E é tudo por agora. Até depois.

Toma cuidado contigo.

Darkie

Callaghan saboreava o chá devagar. Era de boa qualidade e ele apreciava a bebida. Instalado junto à lareira, não se distinguia de qualquer outro homem de cerca de quarenta anos que se mantivesse em boas condições físicas. O vestuário novo adaptara-se-lhe já à figura bem estruturada. Ao passar com um tabuleiro, *Miss* Dapple, uma das donas da sala de chá, endereçou-lhe uma olhadela rápida. Agradou-lhe a maneira como o cabelo negro e espesso de Callaghan descia caprichosamente sobre a nuca num ondulado natural. Ao chegar à cozinha comentou:

— Gosto do cliente que está sentado ao pé da lareira, Polly. Parece um homem decente. Tenho a certeza de que se pode confiar numa pessoa como ele.

Callaghan acabou de beber o chá. Tirou da algibeira um pequeno bloco de apontamentos de capa preta — o género de artigo que se adquire no Woolworth's por três *pence* — e gastou um pouco de tempo a redigir algumas notas. Depois, levantou-se, dirigiu-se ao balcão e pediu para telefonar. *Miss* Dapple indicou-lhe o telefone colocado a um canto e endereçou-lhe o olhar mais brejeiro que conseguiu compor.

Discou Holborn 56435. Quando ouviu o sinal de chamada, tirou o lenço novo da algibeira do peito e abafou com ele o bocal.

— Desejo falar com *Miss* Gallicot — pediu, em resposta ao «estou».

— Quem fala? — inquiriu a voz com sotaque francês.

— Não interessa, minha querida — replicou o detetive. — Chame *Miss* Gallicot ao telefone e diga-lhe que não demore, isto é, se ela for esperta...

— *Mademoiselle* não virá ao telefone se não souber de quem se trata — atalhou a voz em tom definitivo.

— Ah, não vem!? — exclamou Callaghan. — Muito bem. Nesse caso, diga-lhe que talvez seja um amigo de Arnie Beldoces que está falando. Lembre-se de que disse «talvez». Diga a Eulalie que, se souber o que lhe convém, só terá a ganhar com isso.

Callaghan ouviu o som do auscultador a ser poisado. Decorrido um minuto, apareceu na linha uma voz diferente, em tom mais alto, uma voz de cana rachada, resquícios da primeira fila de um coro de revista francesa de *striptease*.

— Que se passa? — inquiriu a voz. — Fala Eulalie Gallicot.

— Muito bem — disse Callaghan, retirando o lenço do bocal. — Escute, Eulalie, escute com atenção. Irei aí falar consigo pela tardinha;

portanto, trate de ficar em casa. Esteja à minha espera mesmo que, se telefonar ao Beldoces, ele lhe diga que não sabe quem eu sou. O motivo para pedir-lhe que me aguarde é o seguinte: provavelmente, ver-se-á metida em sarilhos por causa do assassínio de Meraulton. Não finja que não leu tudo quanto se publicou a tal respeito e não finja também que não morre de desejo de pedir todos os pormenores ao Bellamy. De futuro, porém, creio que terá poucas hipóteses de estar com ele a não ser que faça o que lhe disser. E se lhe afirmar que talvez o Bellamy entre de posse de uma bela maquia, então é possível que deseje saber como manobrá-lo para ficar com parte do dinheiro. Sou o tipo capaz de elucidá-la a tal respeito. Fique calada e não fale deste telefonema absolutamente a ninguém. Há ainda outro pequeno pormenor: se eu fosse a si, evitava a companhia do Bellamy por uns dias. Percebe? Talvez ele passe um mau bocado dentro em breve e quando um homem se vê confrontado com uma acusação de homicídio pode muito bem dizer qualquer coisa para salvar a pele, coisas tais como o facto de ter estado ontem à noite em sua casa entre as onze e a uma. Talvez tenha estado, talvez não. Mas, se seguir o meu conselho, dirá que não esteve. Caso contrário, espera-a uma bela publicidade, a si e ao Beldoces, publicidade cujo único resultado será o de recambiarem-na para França como estrangeira indesejável. Não gostaria que isso sucedesse, pois não?

Houve um curto silêncio.

— A que horas vem? — inquiriu Eulalie.

Callaghan sorriu.

— Estarei aí cerca das onze — asseverou o detetive. — Chamo-me Callaghan e sou investigador privado. Se eu fosse a si, deixava-me ficar em casa até eu aparecer. Diga que está doente e não apareça a ninguém, especialmente a Bellamy. E tire o auscultador do descanso. Compreende?

— Compreendo — replicou Eulalie. — *Monsier*... estou com muito medo, mesmo muito. Que sucedeu?

— Tudo correrá bem — garantiu Callaghan. — Se fizer o que lhe disse, não tem de recear coisa alguma. Então, até depois.

Desligou. Saiu da cabina, pagou a conta e abandonou o estabelecimento.

Subiu a rua em direção a Chelsea. Notou o automóvel preto pelo canto do olho, quando o veículo descrevia a curva atrás dele. Acendeu outro cigarro. O automóvel acelerou, rodando pela rua a grande velocidade, e foi parar junto do passeio ao lado de Callaghan. Este voltou-se. Tinha o chapéu ligeiramente inclinado para um dos lados e o cigarro pendia-lhe dos lábios com descontração.

— Pela maneira de conduzir, sabe-se de imediato quando se trata de um carro-patrulha — comentou a Callaghan em tom de alegre.

O sargento da ronda-volante sorria também prazenteiramente ao sair da viatura.

— É o Sr. Callaghan, Sr. Slim Callaghan, segundo creio. O inspetor-detetive Gringall manda-lhe cumprimentos e ficar-lhe-ia muito grato se lhe dispensasse alguns minutos, acompanhando-nos à Scotland Yard. Trata-se do homicídio de August Meraulton. O Sr. Gringall gostaria muito de falar consigo por momentos, se não for muito incómodo para si.

— Farei todos os possíveis para servir o Sr. Gringall — esclareceu Callaghan, com um sorriso a iluminar-lhe o rosto.

Entrou para a parte traseira do automóvel quando o sargento lhe abriu a porta e afundou-se no assento deixando escapar um suspiro. Chupou o cigarro com prazer. O veículo arrancou a grande velocidade.

— Com que então o caso Meraulton, hã?! — exclamou Callaghan em tom jovial, dirigindo-se aos polícias sentados nos bancos da frente. — Imagine-se! Só esta manhã li a notícia.

Capítulo 5
Encontro com Gringall

George Henry Gringall — vulgarmente conhecido por Jigger — era o inspetor-detetive mais novo da Scotland Yard. Tinha quarenta e um anos, pesava setenta e seis quilos, usava bigode eriçado e tinha modos francos e espontâneos. Não era parvo nenhum.

Gringall, se estão lembrados, prendeu Layell Jonas por duplo homicídio, solucionou o caso Merreth, capturou Dromio Fenanzet, possuidor da maior organização criminosa jamais existente no país, e desbaratou o «*gang* de Marselha», trabalho que lhe valeu a última promoção.

Gringall era adepto de métodos diretos, sempre que possível. Se necessário, sabia mostrar-se inteligente. Não mascava pastilha elástica, não fumava cachimbo de cano curvo, não possuía fortuna própria, não resolvia casos de polícia em frente de tabuleiros de xadrez, não pedia ajuda a jornalistas criminais nem erguia cantos de alcatifas à procura de pistas. Ninguém o ouvira referir-se a «pistas» e dizia que, se alguma vez encontrasse alguma, provavelmente não saberia o que era.

Gringall era (e é) o tipo característico de polícia que teve êxito na tarefa de manter a Inglaterra como país onde reina a ordem. Se tinha tendência para a rotina, isso devia-se ao facto de ser rotineira grande parte do trabalho policial. Finalmente, tal como muitas outras pessoas, não tinha o mínimo desejo de subestimar Callaghan. Apenas os imbecis o faziam e já se disse que Jigger não era estúpido.

Callaghan trauteava uma melodia em voz baixa ao atravessar o corredor que dava acesso ao gabinete de Gringall. O inspetor encontrava-se sentado à secretária a fazer desenhos de frutos no mata-borrão. O sargento-detetive Louis «Lucy» Fields, que disfarçava a mente ágil sob a capa de uma credulidade quase infantil, examinava as unhas com polida atenção. Gringall levantou-se e sorriu, prazenteiro.

— É muita amabilidade sua ter vindo, Slim — disse. — Julguei que estivesse ocupado e dissesse aos rapazes que, em tais circunstâncias, escolheria você a hora para vir falar comigo. Sente-se, por favor.

Callaghan assim fez. Colocou o chapéu em cima da secretária e extraiu da algibeira o maço de cigarros. Ofereceu um a Gringall, que aceitou a oferta, e outro a Fields, que a recusou com um sorriso.

— Bom trabalho, apanharem-me assim! — comentou Callaghan. — Dava um belo e calmo passeio ao longo do Enbankment quando fui perseguido pelo carro da ronda. Emitiu algum alerta geral quanto à minha pessoa?

Gringall riu com gosto, replicando:

— Bem, queria apanhá-lo o mais depressa possível. Isto é, se lhe conviesse. Assim, fiz circular a sua descrição. Um dos homens da ronda descobriu-o.

— Belo trabalho! — repetiu Callaghan. — O homem da ronda de Chelsea e do Enbankment, suponho?

Gringall fez um aceno de cabeça afirmativo. Callaghan imitou-o. Sabia que o inspetor mentia e que também não desconhecia que ele próprio detetara a mentira. Para Callaghan isso era significativo.

Gringall expeliu uma argola de fumo e ficou a vê-la flutuar pela sala. Depois disse:

— Olhe, Slim, estou metido em apuros e você tem possibilidade de ajudar-me bastante. Não lhe peço que preste depoimento e nem sequer tomarei a mínima nota do que disser; trata-se apenas de uma simples conversa entre os dois. Antes de principiarmos, vou falar-lhe com franqueza. Sabe tão bem como eu que há aqui meia dúzia de polícias que não simpatizam consigo. Faxley, por exemplo, não gosta de si. Por sua causa, não fez uma bela detenção no caso de Mobberley.

Diz que você o enrolou bem enrolado. Há ainda Branting a não gostar de si. Eu, porém, não sou como eles. Sempre achei que, neste país, a vida de um detetive privado é cheia de altos e baixos. Possivelmente, serei um tanto mais liberal do que a maioria das pessoas daqui. Quero que saiba desde já que, no que me diz respeito, o que se passar entre nós terá carácter amigável. Compreende?

Callaghan pareceu ficar comovido.

— Não tarda muito que me ponha a chorar, Gringall — comentou. — Mas acho que você é bom tipo, uma pessoa delicada... às vezes, pelo menos.

Expeliu uma nuvem de fumo e perguntou:

— Qual a sua ideia?

Gringall pôs-se a desenhar mais alguns frutos — uma banana e depois uma laranja — e explicou:

— Trata-se do caso Meraulton. Foi-me entregue, mas não me agrada muito. Sabe como as coisas se passam: um polícia não é senhor de cometer erros e há por aqui uma ou duas pessoas que pensam que fui promovido depressa demais. Por isso mesmo não quero errar.

Gringall endereçou a Callaghan um sorriso desarmante, prosseguindo:

— Ora bem, esta manhã, procedíamos à rotina habitual, quando nos telefonou uma rapariga. Chama-se Effie Perkins. Contou uma história da carochinha, Slim, mas somos obrigados a verificar tudo. Resumindo o caso, a rapariga afirmou que, ontem à noite, Cynthis Meraulton, a enteada do morto, esteve no seu escritório. Disse também ter a impressão de que você tentará forjar-lhe um álibi.

Gringall empurrou a caixa dos cigarros na direção de Callaghan e prosseguiu, sorrindo:

— Bem, falando francamente, não acredito nela. Assim que ouvi a história, disse logo que não passava de um disparate. Primeiro que tudo, não vejo motivo para você forjar um álibi a *Miss* Meraulton e, em segundo lugar, tal como comentei com Fields que aqui está, tenho a certeza de que não faria tal coisa. Fields garantiu, tenho de admiti-lo, que você seria capaz disso. Lembrei-lhe o caso Mere, onde você foi a testemunha mais em foco: o juiz Fairwood disse pensar que você fabricara o álibi. «Fabricar» foi o verbo por ele empregado. Houve depois a rapariga do caso Walnut. Branting sempre afirmou poder deitar por terra as provas fornecidas por si quanto ao encontro em Brighton na terça-feira, lembra-se? Muito bem, o seu depoimento safou-a, não foi assim? Branting nunca se esqueceu. Eu disse a Fields: «Callaghan é esperto demais para tentar algo semelhante porque, se não der resultado, será o fim dele. Cometerá um delito, transformando-se em cúmplice.»

Callaghan interrompeu-o, inquirindo:

— Cúmplice de quem? Sugere que a minha cliente, *Miss* Meraulton, é suspeita de um crime?

Gringall mordeu os lábios. Depois disse, rindo:

— Claro que não, Slim. Não se exalte. Foi apenas uma maneira de dizer, como sabe.

Callaghan sorriu-lhe amigavelmente e acendeu outro cigarro.

— Oiça, Gringall — disse —, é tudo muito simples. *Miss* Meraulton é minha cliente. Foi falar comigo ao escritório ontem à noite quando faltava mais ou menos um minuto para as onze a respeito de um trabalho a executar para uma amiga. Esteve lá até às cinco para a meia-noite. Lembro-me da hora porque a convidei a sair. Eu tinha um encontro e não queria chegar atrasado.

— Estou a perceber — comentou Gringall, acenando afirmativamente. — Mas essa Effie Perkins garante que *Miss* Meraulton só já chegou às onze e trinta ou um pouco depois. Talvez tenha visto mal as horas.

— Talvez — aquiesceu Callaghan. — Mas não acredito que assim seja. Acho que o fez deliberadamente.

Deixou que o fumo lhe escapasse pelas narinas, acrescentando:

— Despedi-a ontem, sabe, e tenho a impressão de que ela não gosta muito de mim. — Sorriu para Gringall e este retribuiu-lhe com um sorriso recheado de simpatia.

— As mulheres são levadas do diabo! — comentou o inspetor. — As coisas que dizem pelo simples facto de se aborrecerem com um homem!

Pegou num cigarro e mostrou-se pensativo por instantes. Depois, lançou um olhar a Fields, que rodava os polegares, e tentou adivinhar qual seria o momento em que o seu superior mudaria o rumo da conversa.

Gringall dirigiu-se-lhe:

— Temos de fazer algo quanto a essa Effie Perkins. Temos de lhe dar uma ensinadela.

Depois virou-se para o detetive privado, endurecendo um pouco o tom da voz:

— Sabe, Callaghan, essa Perkins foi categórica quanto ao que disse, demasiado categórica para meu gosto. Pedimos-lhe que viesse até cá para uma conversa a esse respeito. Mostrou-se não só contente por falar, como também prestou depoimento, um depoimento bastante preciso, em que dizia estar pronta a depor em tribunal, se necessário.

Empurrou o cinzeiro para junto de Callaghan e ofereceu-lhe outro cigarro. O detetive aceitou e acendeu-o, principiando o seu lento passatempo de inalar e expelir o fumo. Tinha os olhos postos em Gringall. Este retribuiu-lhe o olhar, comparando os olhos do outro com os de uma águia, olhos fixos, incansáveis e de enorme brilho.

O inspetor-detetive descansou os braços sobre o tampo da secretária. Uniu as mãos e cruzou os dedos. Callaghan principiou a sorrir e disse de si para si: «Aí vem ele! A coisa vai começar!»

— Vou fazer algo que poucas vezes faço — prosseguiu o polícia. — Vou dizer-lhe tudo o que penso e por que motivo não acredito nessa Effie Perkins. Isto, no caso de receber de si a ajuda que espero ter. Aqui o Fields dir-lhe-á que um dos meus primeiros comentários depois que essa mulher saiu foi o seguinte: «Não tenho vontade de aceitar a história apenas pelo facto de prejudicar Slim Callaghan. Diversos polícias daqui dariam pulos de contentamento face à oportunidade de disporem de uma história deste género contra Callaghan, em especial se pudessem salientar-se à custa dela. Mas não sou tão estúpido como eles. Que proveito tiraria disso?» Fields concordou comigo que o mais importante a fazer é descobrir o assassino de August Meraulton e não procurar tramar um detetive privado só porque, em uma ou duas ocasiões, se mostrou um pouco esperto demais.

Após a citação, Gringall prosseguiu:

— Sabe, Slim, tinha um motivo muito forte para não aceitar de imediato a referida história, motivo que é o seguinte: você pode ser isto e aquilo, mas diabos me levem se acredito que seja estúpido ao ponto de fazer recair as suspeitas sobre uma mulher que é sua cliente ao inventar-lhe um álibi de que ela não necessite. Disse também a Fields: «Falarei francamente com Slim sobre o caso, porque, se é verdade o que essa Perkins disse, então não teremos de procurar muito mais para deitar a mão a quem fez o serviço. Salta aos olhos que se Callaghan, de maneira deliberada e definitiva, está a inventar um álibi a *Miss* Meraulton, fá-lo por uma razão muito forte que só pode ser uma: Callaghan sabe que ela precisa do álibi porque se encontrava em Lincoln's Inn Fields com August Meraulton quando ele foi assassinado ou, em alternativa, por ter sido ela a matá-lo.»

O rosto de Gringall abriu-se num sorriso de amizade, ao prosseguir:

— Como vê, Slim, estou a dizer-lhe por que motivo não acredito naquela história, provando-lhe assim estarmos ambos do mesmo lado da barricada antes de principiarmos. Peço-lhe agora que esclareça o assunto, de modo a podermos dar uma lição a essa Perkins para ela aprender que este departamento da Scotland Yard não se fez para perder tempo com mulheres despeitadas.

Callaghan olhou o teto com expressão de vaga benevolência e disse:

— Oh, Gringall, não sei! Não gostaria que fosse muito severo com Effie. É boa rapariga, de facto. Apenas um pouco influenciável, é tudo.

Com ligeira nota de sarcasmo na voz, Callaghan prosseguiu:

— Além disso, há que poupar tempo e energia para resolver o caso do homicídio, não é verdade? Por certo não quererá perder tempo a provar a alguém como Effie Perkins que fez figura de parva.

Os dedos do inspetor principiaram a tamborilar sobre o tampo da secretária. Quando falou de novo, fê-lo em tom mais incisivo:

— Oiça, Callaghan, pedi-lhe para aqui vir colaborar connosco neste caso. Coloquei-me nas suas mãos. Mas está a parecer-me que não faz a mínima tentativa para nos auxiliar. Acha que isso é inteligente da sua parte?

O visado teve um sorriso gentil.

— Ah, estou a perceber! — exclamou. — Já vejo que omiti algo que deveria ter dito, não é assim? Mas o quê?

Gringall levantou-se, encaminhou-se para a janela e olhou para fora.

— Effie Perkins tem uma história concisa — afirmou. — História que equivale praticamente a uma acusação contra si. E faz questão de mantê-la. Prefere mesmo mantê-la e vir até cá depor do que aceitar a proposta que você lhe fez...

— Um momento — interrompeu Callaghan. — Que proposta?

— Mandou-lhe uma carta — disse Gringall. — Mandou entregar-lha de manhã bem cedo. Queria que ela a recebesse antes de ler os jornais e de se inteirar do assassínio de Meraulton.

Callaghan pareceu desinteressado e depois estupefacto para, logo em seguida, se lhe estampar no rosto um sorriso de entendimento.

— Estou a perceber! — exclamou. — Refere-se ao facto de lhe ter escrito um bilhete a pedir-lhe para retomar as suas funções. Isso deveu-se ao súbito acréscimo de trabalho. Assim, aumentei-a para cinco libras. Acho que é um gesto bastante normal por parte de um patrão, sobretudo quando se despede uma rapariga que trabalha connosco há cinco anos e depois se descobre, de repente, a perspetiva de um trabalho de monta e a necessidade dos seus serviços.

Callaghan fez uma pausa destinada a que as palavras seguintes surtissem maior efeito e depois prosseguiu:

— E você chama a isso «proposta»! Estranha maneira de interpretar as coisas, Sr. Gringall! Emitiu ordens para que me apanhassem e trouxessem até cá; tudo «Sr. Callaghan, se não se importa...» E, quando aqui chego, atira-me com um monte de alusões maldosas, disfarçadas de palavrinhas doces.

Apagou o cigarro esmagando-o com um gesto irado e continuou:

— Ainda aqui não estou há dez minutos e já fui acusado de forjar álibis e de ser cúmplice de um crime que alguém terá cometido. Depois sugerem delicadamente que as minhas ações levantam suspeitas contra a cliente que, por acaso, se encontrava no meu escritório numa altura em que acabava de despedir uma estúpida dactilógrafa. Comunicam-me que o inspetor-detetive Faxley não simpatiza comigo, como se me importasse que ele me aprecie ou não. Dizem-me também não ser do agrado do inspetor-detetive Branting, o que considero bastante lisonjeiro, pois Branting não passa de um gordo imbecil, sem miolos suficientes para apanhar qualquer patife, nem mesmo estando já algemado a um par de balas de canhão e afogado em provas até ao pescoço. Fazem-me recordar que o juiz Fairwood, do caso Mere, me acusou de ter «fabricado» um álibi. Como você sabe, trata-se de rematada mentira, porque, se Fairwood acreditasse ser verdadeira tal acusação, ter-me-ia mandado prender por perjúrio antes de deixar o tribunal e não o fez. E tal não aconteceu porque, muito embora tenha porventura *pensado* certas coisas, não acreditou em definitivo no que era contrário às provas.

Callaghan fez uma pausa para se munir de outro cigarro, advertindo de seguida:

— Não tente nenhuma das suas espertezas comigo, Gringall! Isso não pega. Tenho muita pena dos seus compinchas, note-se. Se isto ocorresse na América, talvez você pudesse levar-me até lá abaixo e trabalhar-me recorrendo ao tubo de borracha ou a qualquer outro objeto parecido, caso em que talvez eu falasse ou talvez não. Mas não pode fazer tal coisa. Neste país, não temos interrogatórios severos desse género e, quanto a mim, você não passa de mais um polícia que procura armar-se em esperto.

Callaghan riscou um fósforo na parte inferior da secretária e acendeu um cigarro. Fields não deixou de notar o gesto e fitou Gringall apreensivamente. Este respirava a ritmo acelerado. Tinha nas orelhas uma cor vermelha mais carregada, indício seguro de cólera. Regressou à secretária e instalou-se na cadeira.

— Muito bem, Sr. Callaghan — disse em tom sóbrio. — Já que não podemos conduzir a conversa de determinada maneira, conduzi-la-emos de modo diferente. Transmiti-lhe certas informações que lhe dizem respeito. Na qualidade de encarregado de investigar o caso Meraulton, pergunto-lhe se quer ou não prestar depoimento. Se não quer, diga-me e terei de encarar o assunto sob outro ângulo...

Gringall interrompeu-se de chofre quando o punho de Callaghan caiu com força sobre o tampo da secretária.

— Não terá, não! — exclamou. — Isso é mais uma ameaça.

Em tom baixo e contundente, pronunciara as palavras com frieza e precisão, palavras que adquiriam uma característica vibrante e tanto mais eficaz quanto tinham sido ditas em voz calma.

— Não terá, não, Gringall — repetiu Callaghan. — Estou farto das suas malditas ameaças; sabe o que tem a fazer com elas. Talvez, para si eu não passe de um detetive privado de segunda categoria, mas conheço as leis que nos regem e fique certo de que, perante mais alguma ameaça, declarada ou encoberta, sairei daqui direito ao advogado para declarar sob juramento tudo quanto se passou nesta suposta «entrevista», enviando cópia do documento ao comissário da polícia.

Fez uma pausa para expulsar pelas narinas a habitual nuvem de fumo e prosseguiu:

— Oiça, Gringall, deixe que lhe dê um conselho e, ao dar-lho, não estou a ameaçá-lo nem a dizer o que farei ou não farei. Se quer fazer-me perguntas, faça-as. Vá em frente e pergunte. Responder-lhe-ei como muito bem me agradar, percebe? Talvez diga a verdade ou talvez não, mas você não pode nada contra isso pois não estou sob juramento e se amanhã me apetecer contar outra história diferente tenho o direito de fazê-lo. Não se esqueça de que, quanto a mim, você não passa de um polícia em busca de um ponto de partida e eu sou um cidadão britânico livre, na plena posse de direitos que me protegem de todos os polícias pretensiosos que tentem armar-se em espertos e que fazem chantagem para me obrigar a dizer o que querem. Percebeu?

Gringall deixou escapar um resmungo. Sabia-se vencido. Enveredou por outra linha de ação.

— Os meus cumprimentos, Slim — disse. — Você é um tipo desempoeirado e já vejo que não vale a pena fazer isto de nenhuma outra maneira a não ser da que lhe convier a si. Porei então o assunto nestes termos: desejo saber a sua opinião quanto a dois ou três aspetos do caso e pedirei a Fields que se retire enquanto conversamos...

— Não se preocupe — interrompeu Callaghan. — Não é necessário o Fields sair. Aposto que você tem para aí um gravador e que ele ficaria à escuta noutra sala.

O rosto de Callaghan principiara a desanuviar-se. Prosseguiu:

— Não seria cómico, Gringall, que você tivesse de facto um gravador ligado e os outros estivessem a escutar tudo quanto se disse até agora?

Começou a rir com gosto. Gringall riu também e Fields juntou-se-lhes. Mas o riso de ambos soava a falso aos ouvidos de Callaghan. Tinham de facto um gravador a funcionar!

O cérebro de Callaghan trabalhava com rapidez. Estava metido em sarilhos. Ali sentado a fumar um cigarro, sabia ter atingido o topo de uma carreira não inteiramente destituída de acidentes. De súbito, sem qualquer motivo aparente, cruzou-lhe o cérebro a figura de Cynthis Meraulton. Viu-a sentada na cadeira em frente da secretária, no escritório de Chancery Lane, e recordou-se do perfil nítido do seu rosto, do brilho do olhar e da vaga sugestão de perfume pairando no ambiente após a sua saída.

«Ali estava a mulher que me convinha!», comentou de novo Callaghan de si para si. Uma mulher a cem por cento. Mesmo sendo de facto uma assassina, não deixava de possuir algo que muitas outras mulheres invejariam. «Bem, cá vamos nós!», disse com os seus botões.

Gringall continuava a desenhar frutos sobre o mata-borrão e Fields a examinar as unhas.

Callaghan alterou as feições, passando a uma expressão de argúcia extrema, de inteligência a custo disfarçada. Notou o lampejo nos olhos do adversário.

— Escute, Gringall — disparou Callaghan —, de que serve discutirmos e gritarmos um com o outro? Não tiraremos proveito disso. Farei o possível por ajudá-lo... quero dizer, se for tratado com decência. E a melhor maneira de principiar será dizer-me o que o preocupa. Se suspeita de Cynthis, diga. Talvez seja inteligente e esperto como você afirma, mas prefiro deitar-me a afogar a encobrir assassinos.

Gringall fez um aceno de cabeça concordante e replicou:

— Não faço acusações de modo algum, Slim. Não pretendo fazê-las; não resultam. O que quero são provas e você sabe-o tão bem como eu.

Inclinou-se sobre a secretária. Fields, a observá-los, disse para si próprio: «Que belo par de tipos! Qual deles será o melhor? Aposto que Jigger ganhará apenas pelo facto de ser polícia e dispor de todos os meios possíveis. Este Callaghan é esperto como um rato.»

— Desnecessário será dizer — prosseguiu Gringall —, que a primeira coisa que a polícia procura num caso de homicídio é o motivo. No motivo está a solução. Quando um polícia competente morre, talvez a palavra «motivo» se encontre gravada no seu coração. Bem, ponhamos de parte *Miss* Meraulton, não nos preocupemos em saber onde estava e por que razão lá estava e passemos ao tópico do motivo. Eis o que penso: Gazeling, o procurador de August Meraulton, informou-me que, há dias, o velhote redigiu um novo testamento. O próprio Meraulton o escreveu à máquina, numa folha de papel dourado do escritório de Gazeling. Comunicou-lhe que o trazia consigo, dentro da caixa do relógio. Gazeling desconhece o conteúdo do testamento, mas sabe que prejudicará os herdeiros Meraulton, salvo talvez Cynthis Meraulton e Willie Meraulton. Segundo creio, alguém matou o velhote para se apoderar do documento. Assassinou-o num impulso súbito, depois ficou com medo e fugiu sem lhe deitar a mão; ou por supor que alguém se aproximava ou então por não ter coragem de mexer nos pertences de um cadáver. Se foi uma mulher a praticar o crime, compreende-se esta última maneira de proceder.

»O certo é que alguém se apoderou do testamento. Na noite passada, a horas bastante tardias, ou melhor, hoje de manhã muito cedo, um espertalhão serviu-se da cabina situada no extremo de Ensell Street para fazer um telefonema falso em meu nome, impingindo uma história da carochinha ao agente que se encontrava de serviço na morgue. Esse espertalhão dirigiu-se depois ao local, com um casaco com gola levantada, e contou outra história a Tweest. Depois disso, desceu à sala onde se encontrava o corpo e, com um canivete, abriu a caixa do relógio do morto, caixa onde ficaram visíveis as marcas do objeto cortante. Calçava luvas, pois os dedos enluvados apagaram todas as impressões digitais que deveriam existir no relógio, ou seja, as de August Meraulton. O tipo em questão é o criminoso ou alguém que completou o trabalhinho que o próprio assassino não pôde ou não teve coragem de terminar. Se conseguisse apanhar esse homem, o meu trabalho ficaria muito mais simples.

Callaghan acenou afirmativamente com a cabeça, dizendo:

— Li o seu apelo no jornal.

Sorriu para Gringall, comentando:

— É curioso, mas, salvo os pormenores da estatura um pouco mais baixa e das bochechas, a descrição poderia muito bem adaptar-se a mim.

Gringall fez uma tentativa para se mostrar surpreendido.

— Não me diga! — exclamou. — Claro que o facto de ter erguido a gola do casaco tê-lo-á feito parecer mais baixo. E quanto ao rosto... bem, descobri que alguém rasgou duas folhas da lista telefónica existente na cabina, as amachucou e as meteu na boca, junto aos malares, de modo a alterar o aspeto das faces. Deitou-as fora no escritório da casa mortuária, depois da partida de Tweest, suponho eu. Grande finório o tipo!

Acendeu novo cigarro e ficou por instantes pensativo. Em seguida, fitou Callaghan com o seu habitual sorriso prazenteiro, dizendo:

— Preciso da sua ajuda, Slim, das ideias que lhe ocorram sobre o assunto. Sei que tem um qualquer relacionamento com a família Meraulton, pois certamente admitirá que Cynthis não foi ter consigo para lhe perguntar as horas. Além disso, não espero que me auxilie de graça. Possivelmente, terá ouvido falar do futuro registo das agências de detetives privados do país, semelhante ao sistema americano, licenças e todo esse género de coisas. Muito bem, se a legislação for aprovada nesse sentido, haverá por aqui duas ou três pessoas que moverão céus e terra para o impedir de obter a licença. Se me ajudar a resolver o caso de forma franca, e sei que tem algo a dizer se quiser, farei que lhe seja entregue a licença no momento oportuno. Não posso ser mais compreensivo do que isto, pois não?

Callaghan concordou com um aceno de cabeça. O rosto dele assumiu a expressão da mais completa franqueza utilizada ao proferir mentiras flagrantes.

— Você é um bom amigo, Gringall. Gosto de si e estou disposto a colaborar. Não falarei de *Miss* Meraulton contudo; isso não posso fazer. É minha cliente e o trabalho que faço para ela, que nada tem que ver com o crime, é um trabalho delicado que diz respeito à reputação de outra mulher. Por conseguinte, nem sequer pronunciarei o nome da minha cliente. Digo-lhe com franqueza, no entanto, que estou interessado no homicídio e poderei dar-lhe um palpite quanto ao motivo. Posso também alvitrar quem foi o tipo que fez o trabalho na morgue. Suponho que você não esteja no caminho certo. Possivelmente, parte do princípio de que August Meraulton foi assassinado em Lincoln's Inn Fields, junto ao gradeamento. Segundo creio, não foi esse o caso. August Meraulton não tinha com ele o chapéu, pois não? Provavelmente, você já investigou esse pormenor; sabe, portanto, que se encontra em casa o único chapéu que August Meraulton possuía. Assim, concluiu que ele foi de táxi até Lincoln's Inn Fields, saiu do veículo e percorria a praça junto ao gradeamento talvez para se encontrar com alguém quando foi morto. Penso que tal não aconteceu porém. Creio que foi assassinado noutro lugar qualquer e trazido para ali de carro. Vou dizer-lhe por que motivo tenho essa opinião. Na semana passada, August Meraulton disse ao sobrinho Willie que tencionava comprar outro chapéu. Disse também que não o adquiriria no sítio habitual, onde os chapéus são muito caros. O homem que matou o velhote estava por certo a par da aquisição na tarde desse dia e pegou no chapéu e levou-o consigo. É um assassino inteligente: o facto de o chapéu antigo ser descoberto em casa do possuidor faria que acreditassem que August Meraulton saíra de casa sem ele e que tomara um táxi até Lincoln's Inn Fields com o objetivo de se encontrar com alguém...

Callaghan fitou Gringall e depois o seu olhar desviou-se para Fields. Procurava descobrir o efeito das palavras que dissera, mas os rostos de ambos permaneciam imperturbáveis.

— Gringall, você disse que alguém foi à morgue no intuito de se apossar do segundo testamento redigido por Meraulton — prosseguiu o detetive privado. — Ora bem, quem pretenderia fazer tal coisa? Gazeling informou-o da improbabilidade de esse documento prejudicar Willie ou Cynthis. Nesse caso, não terá sido nenhum dos dois. Quem é a pessoa mais afetada?

Fez nova pausa, destinada a produzir efeito. Depois, de indicador em riste, continuou:

— A mais afetada é a que se vir privada de receber o quinhão que lhe caberia de acordo com o testamento original, a que já gastou tudo quanto possui, que está afogada em dívidas até ao pescoço e desesperada para arranjar dinheiro. O homem que tem de obtê-lo para conseguir drogas. É bastante mau quando um indivíduo recorre à cocaína; um «cheirinho» de vez em quando, porém, não o transforma em homicida. Mas quando se é tão dependente da coca que já se passou à morfina para ultrapassar as ressacas da primeira, temos de admitir que se vai por muito mau caminho; nada deterá a pessoa em causa. Esta tem o cérebro e os nervos em tal estado que, sob determinadas condições, não hesitará de forma alguma em matar. É o género de criminoso que, depois do trabalhinho feito, tem porventura uma reação nervosa e mental que o inibe de tocar no cadáver. Descubra esse tipo de pessoa e terá o homem que procura.

Gringall ergueu os olhos que mantivera fixos no mata-borrão, olhos onde surgira um brilho novo. Callaghan riu de si para si — Gringall caíra no laço!

— Compreendo, compreendo — disse ele, principiando a sorrir. — Diga-me uma coisa, Slim. Que foi fazer esta tarde a casa de Bellamy Meraulton? Também está a tratar dos interesses dele?

— Não — garantiu Callaghan. — Fui fazer-lhe uma série de perguntas a propósito do trabalho de que Cynthis Meraulton me incumbiu... assuntos de família, como disse.

Interrompeu-se e surgiu-lhe no rosto um sorriso de astúcia.

— Note, Gringall — observou Callaghan —, que não direi que, enquanto lá estive, não tivesse dado uma rápida vista de olhos a ver se descobria qualquer coisa; interessava-me, como qualquer outra pessoa se interessaria. Enquanto Bellamy consultava o seu livro de apontamentos a ver quando estaria livre para falar comigo esta noite, dei uma vista de olhos em redor. Até decidir que nos encontraríamos entre as onze e meia e a uma e meia, procurei vestígios dele, mas sem resultado.

— Quer dizer — inquiriu Gringall —, que procurava indícios da presença do chapéu novo de August Meraulton? Ao mesmo tempo, está a comunicar-me que Bellamy não estará em casa esta noite entre as onze e meia e a uma e meia?

— Acertou em cheio em ambas as coisas — garantiu Callaghan.

levantou-se e disse:

— Bem, tenho de ir andando.

Gringall levantou-se também, deu volta à secretária e postou-se em frente de Callaghan.

— Slim, você prestou-me uma grande ajuda — asseverou. — Mas talvez queira colaborar ainda mais informando-me onde para Cynthis Meraulton. Como compreenderá, tenho de falar com todos eles.

— Lastimo imenso, Gringall, mas não posso — mentiu o detetive privado. — Desconheço onde está. Bem, até depois.

Encaminhou-se para a porta.

— Descubra o tal chapéu e terá o seu homem — disse ainda à saída.

Capítulo 6
Calminha, Callaghan!

Callaghan deixou a Scotland Yard quando faltavam vinte minutos para as sete. No Cenotaph, tomou um táxi e ordenou ao motorista que seguisse para Picadilly Circus. Aí, desceu as escadas do metropolitano e telefonou a Darkie.

— Escuta, Darkie, assim que acabarmos de falar irei daqui diretamente aos correios enviar-te cem libras em carta registada. Percebes? Muito bem. Entraste em contacto com esse tal Ribbenhall ou lá o que é?

— Entrei — replicou Darkie. — O tipo chama-se Revenholt. Ficou de prevenção em casa, para a eventualidade de quereres falar com ele. O número do telefone é Mayfair 55463.

— Ótimo! — exclamou Callaghan tomando nota do número num canto da lista telefónica. Depois prosseguiu. — Telefonar-lhe-ei dentro de instantes. Vou ver se me descobre umas coisas acerca de Paul Meraulton, o que trabalha para a Walker-Fleet Company, recebe seis libras por semana e gasta sessenta. Vou pôr Revenholt a tratar do assunto, pois posso precisar de ti para outro trabalho. Procura Revenholt pela manhã e dá-lhe vinte libras das cem que te mandarei. Diz-lhe que tem outras oitenta ao dispor quando me der as informações de que preciso. Mostra-lhe o dinheiro para que saiba que é verdade. Percebes?

— Percebo — retorquiu Darkie. — Como vão as coisas. Slim?

— Não muito mal — replicou o inquirido em tom vago. — Até logo, Darkie. Ver-nos-emos depois.

Desligou, deixou passar uns instantes e depois marcou o número de Revenholt.

Roderik Eustace Maninway Revenholt deslizou sobre o canapé onde repousava o corpo delgado e estendeu a mão para o recetor telefónico num gesto langoroso.

Tinha trinta e um anos, cerca de um metro e oitenta de altura, era dotado de uma figura soberba, de cabelo castanho ondulado, grandes olhos azuis atraentes e estava sem dinheiro.

A despeito do facto de não ter fortuna pessoal, não deixava de frequentar bons restaurantes, vestia segundo o melhor figurino e tinha bom gosto quanto a camisas de seda. Possuía vasto círculo de amizades do sexo feminino, de mulheres mais velhas do que ele, na maioria dos casos. Quando as coisas lhe corriam bem, não trabalhava; em épocas difíceis, condescendia em agir na qualidade de informador das agências de investigação privadas que lhe pagassem.

Não era imoral, na verdade, não tinha moral de espécie alguma e esse facto não o incomodava. Nunca pensava em termos de ética. Nesse momento, encontrava-se falido. Sentia-se satisfeito pela oportunidade de ganhar algum dinheiro de maneira honesta. Também se teria sentido satisfeito em ganhá-lo desonestamente, se acaso fosse necessário.

Esmagou a ponta do cigarro no cinzeiro de vidro desenhado por Lalique e escutou o que Callaghan tinha a dizer.

Callaghan falou em voz fria e calma:

— Alô, Revenholt! O Darkie já entrou em contacto contigo? Muito bem. Amanhã de manhã procurar-te-á para te entregar vinte libras. Quando fizeres o trabalho, receberás mais oitenta. Agora, escuta: estou muito interessado num tipo que se chama Paul Meraulton. Tem uns quarenta e quatro anos e trabalha à comissão na Walker-Fleet Company. Ganha entre seis e sete libras por semana e gasta muitíssimo mais. Esse Paul Meraulton parece passar muito tempo em Somerset House. Quero saber por que motivo. Isso é uma das coisas que pretendo que faças. Um segundo trabalho é interessares-te pelos quatro Merarulton: Bellamy, Paul, Percival e Jeremy; há ainda um outro chamado Willie, mas não estou interessado nele. Descobre se todos ou algum deles têm interesses em empresas públicas ou privadas, se investiram nelas capitais. Se for esse o caso, elabora uma lista das empresas onde possuem comparticipação e do respetivo montante. Compreendeste? Sim? Então repete.

Ouviu a repetição das ordens e depois disse:

— Muito bem, Revenholt. Até à vista. Mãos à obra e rapidamente!

Desligou. Atravessou Picadilly Circus e, na estação de correios de Shaftesbury Avenue, remeteu o dinheiro a Darkie. Nesse momento, descobriu o quanto se encontrava cansado. Não gostou de se sentir assim, não porque o incomodasse a fadiga física, mas sim pelo facto de ter necessidade de pensar e de pensar depressa.

Acendeu um cigarro e, a passos rápidos, regressou pelo mesmo caminho até uma loja de vestuário de Regent Street. Adquiriu um fato de cerimónia e sobretudo a condizer, sapatos e acessórios e mudou de vestimenta. No salão de barbearia do andar inferior, fez a barba, massajou o rosto e aplicou um champô. Enquanto o barbeiro trabalhava, recostou-se no assento, descontraindo-se. Começava a distinguir um lampejo de luz, um lampejo apenas, mas, fosse como fosse, uma luz nas trevas. Perguntou a si próprio se essa sorte se manteria. Enquanto lhe tratavam das mãos, pediu que lhe trouxessem uma chávena de café e fumou dois cigarros.

Voltou a subir as escadas, adquiriu uma grande mala de viagem, mandou que metessem nela a roupa que despira e outros artigos comprados, pagou a conta e deu ordem para que a mala fosse remetida ao Axford Private Hotel, em Orchard Street, onde aguardaria a sua chegada nessa noite.

Chamou um táxi e dirigiu-se aos apartamentos Delvine Court, em South Kensington.

Bateu à porta e ela veio abrir. Fitou-o com expressão de estranheza e Callaghan compreendeu que, por um segundo, o não reconhecera. Sentiu-se satisfeito com isso.

Cynthis afastou-se, segurando a porta para ele passar; Callaghan fechou-a. Cynthis encaminhava-se já para a sala de visitas. Era uma divisão confortável. Na lareira, ardia um belo fogo de carvão e, a um dos cantos, um rádio de primeira qualidade emitia os acordes de um *foxtrot*. Ela dirigiu-se ao aparelho e desligou-o.

Callaghan seguia-lhe os movimentos com olhar guloso, movimentos que lhe cortavam um pouco a respiração. Cynthis envergava um saia-e-casaco de veludo escuro. As meias de seda de cor bege dourada e os sapatos de crepe-da-china enfeitados com pequenas fivelas de pedrarias faziam-lhe realçar os tornozelos delgados e os pés perfeitos. A envolver-lhe o pescoço, usava um folho de renda também de cor bege. «Ali estava uma mulher que sabia escolher o vestuário e que sabia também usá-lo!», pensou Callaghan. Quando ela se virou, encarando-o, o detetive viu-lhe os olhos fatigados. Sob essa fadiga, porém, havia uma certa hostilidade, um antagonismo frio. Callaghan compreendeu que teria de agir com cuidado. Um passo em falso e Cynthis escapar-se-lhe-ia. Se tal sucedesse, poderia deitar tudo a perder, arrastando-o na queda.

— Não se quer sentar? — convidou Cynthis. — Nessa caixa em cima da mesa há cigarros *Player's*.

Foi instalar-se na cadeira junto ao fogo, a observar o recém-chegado, aguardando que falasse. Callaghan serviu-se de um cigarro, ofereceu outro a Cynthis e, quando ela fez um aceno negativo de cabeça, acendeu o seu com o isqueiro acabado de adquirir. Principiou então a falar em voz calma:

— Não gosta muito de mim, pois não, *Miss* Meraulton? Bem, isso pouco me surpreende; há muitas outras pessoas que também não gostam. Mas o caso é que, quando me viu pela primeira vez, ontem à noite, já não lhe agradava a ideia da minha pessoa, antes mesmo de me conhecer. Também compreendo. Quando as pessoas vão procurar alguém como eu, fazem-no, em geral, por estarem metidas em qualquer género de sarilhos; associam-me ao que as aflige e começam de imediato a antipatizar comigo. Falo-lhe nisto para que me entenda quando lhe digo que, pelos mesmos motivos, também tenho tendência para quase sempre não simpatizar com elas. Sou propenso a pensar delas o pior. Percebe o que quero dizer?

Depois de uma ligeira hesitação, Cynthis disse:

— Creio que sim. Mas você tem mesmo de ser investigador privado? Existem muitos outros trabalhos mais interessantes para um homem, trabalhos que não sejam tão...

Fez uma pausa, procurando a palavra certa.

— «Sórdidos» é a palavra que lhe falta, não é verdade? — interveio Callaghan. — Bem, *Miss* Meraulton, alguém terá de desempenhar tais funções. Os detetives privados são males necessários e, de vez em quando, alguns deles mostram-se mesmo benéficos.

Engolindo o fumo profundamente, Callaghan prosseguiu:

— O que procuro meter-lhe na cabeça é o seguinte: quando foi procurar-me na noite passada, o conjunto dos acontecimentos parecia apontar para determinadas coisas; cheguei a certas conclusões apressadas. Estou habituado a decidir com rapidez e tenho razão quase sempre. Mas sei que também me posso enganar. O que sucedeu na noite passada; aliás, errei por completo.

Os lábios de Cynthis descaíram um pouco ao inquirir:

— Quer dizer que mudou de opinião quanto a um ou dois pormenores?

— Quer dizer que pensei que você tivesse assassinado August Meraulton, mas sei agora que me enganei. No entanto, isso não significa terem sido injustificadas as minhas conclusões de ontem à noite, perante os factos de que então dispunha. Não seria a primeira vez que aparecia alguém na Callaghan Investigations com o fim de arranjar um falso álibi.

— É muito simpático de sua parte falar com tanta franqueza, Sr. Callaghan — replicou Cynthis friamente. — Estou-lhe grata por não me julgar assassina.

Callaghan endereçou-lhe um sorriso e, a despeito da cólera sentida, Cynthis não se conseguiu furtar ao pensamento de que o detetive se assemelhava a um colegial traquina.

— Não tem importância — replicou ele. — Com um pouco de sorte, dar-nos-emos lindamente a partir de agora, penso eu.

Apagou o cigarro, acendendo outro de imediato e disse:

— Suponho que terá ligado para Willie Meraulton a seguir ao meu telefonema de hoje de manhã, dizendo-lhe o que pensava de mim. Talvez lhe tenha dito que nunca mais me queria ver.

Cynthis olhou-o bem de frente. Principiava a pensar que esse homem assaz estranho era mais do que comummente inteligente, uma espécie de psicólogo. Observando-o, pensou que existia nele algo de curiosamente interessante, um atributo vago e difícil de captar.

— Quis fazê-lo, na verdade — confessou Cynthis. — Mas, o que é bastante estranho, não consegui apanhá-lo nem no escritório nem em nenhum outro lado. Saberá, porventura, o que se passa?

Callaghan descobriu-lhe no olhar uma expressão de suspeita e optou pela verdade.

— Sou responsável por isso — declarou. — O inspetor-detetive Gringall foi encarregado de tratar do assunto e tenho enorme respeito pela sua inteligência. Gringall não é parvo e entregaram-lhe um caso bicudo. Como sabe, neste país são necessárias provas incriminatórias de homicídio. O acusado pode calar-se e nada dizer. Em juízo, mesmo sem depor como testemunha, a acusação terá de provar inteiramente as suas alegações e, se o fizer com bases em provas acessórias, estas terão de ser muitíssimo sólidas. Eu sabia que Gringall procurava algo que lhe servisse de ponto de partida, um fundamento, percebe o que quero dizer? A primeira coisa que faria seria interferir nas conversações telefónicas de todos os Meraulton, pondo alguns dos seus homens à escuta. Acima de tudo, Gringall desejaria saber onde você estava, o que aconteceria quando localizasse as suas chamadas para Willie. Deste modo, procedi de forma que o seu namorado não pudesse falar consigo e continuo a achar que tenho razão.

— Compreendo — disse Cynthis, estendendo as mãos para o fogo. — Mas não entendo por que motivo você crê que isso ajudará. O inspetor-detetive Gringall acabará por descobrir Willie, não é assim? E far-lhe-á todas as perguntas a meu respeito, perguntas a que eu poderia responder pessoalmente.

Callaghan abanou a cabeça e garantiu, sorrindo:

— Não, não o fará. Gringall vai estar demasiado ocupado com outras coisas para se dar ao incómodo de fazer perguntas a Willie a seu respeito.

Ampliando o sorriso, Callaghan continuou:

— Antes mesmo de este caso ficar resolvido, *Miss* Meraulton, há de agradecer-me por tê-la poupado a interrogatórios, à cadeia e a todos os incómodos em geral. Agradecer-me-á ainda por impedir que os jornais lavem a roupa suja dos Meraulton, apesar de tê-la considerado assassina e apesar de você antipatizar tanto comigo.

— Não é bem verdade — contrariou a jovem. — Não antipatizo consigo de maneira especial. Bem... não tanto como antes. Mas não quererá dizer-me por que motivo o Sr. Gringall estará demasiado ocupado para falar com Willie a meu respeito? Já descobriu o criminoso?

Callaghan assumiu um ar de modéstia ao replicar:

— Fui eu que o descobri. Entreguei-o de bandeja a Gringall. Não sabe quem é?

Inclinou-se para a frente e olhou-a bem nos olhos.

— É alguém que lhe inspira certa pena, não é verdade? — Sugeriu Callaghan. — Acho, porém, que se trata de um sentimento deslocado. O tipo nada tem que preste e não há nele uma só faceta capaz de recuperação. Provavelmente, valeu-se do seu sentimento de simpatia, não obstante as circunstâncias. Bellamy é, de facto, muito esperto!

— Bellamy... então eles sabem... — principiou Cynthis.

— *Miss* Meraulton — interrompeu Callaghan com brandura. — Desejo poupá-la a muitos dissabores, aos interrogatórios da Scotland Yard e a todo esse tipo de coisas. Acho que, se puder fornecer à polícia o género de pistas de que precisa, se puder sugerir-lhas, fazer que as verifique por si própria e constate serem certas, Gringall não deixará de jogar jogo limpo comigo. Sei que você tem em mente abafar o mais possível todo este assunto sórdido. Poderemos fazê-lo sem ferir muito as pessoas, sem obstruir o processo legal e sem perjúrio para ambos.

Callaghan riu de si para si graças à última tirada e fez uma pausa para que produzisse o efeito desejado. Depois continuou:

— Mas tem de contar-me em pormenor o que ontem se passou, dizer-me com exatidão o que fez desde, digamos, das três da tarde até ao momento em que chegou ao meu escritório. Ou continua a antipatizar e a desconfiar de mim demasiadamente?

— Acha que isso tem importância nesta altura? — objetou Cynthis. — Se o que diz é verdade, não vejo motivo para continuar escondida. Fiz papel de parva ao dar-lhe ouvidos e vir para aqui em tanto segredo. Agora, não há razão para cá ficar por mais tempo ou para fugir de coisa nenhuma. Ou há?

Antes de responder, Callaghan ficou por instantes com os olhos presos nas chamas da lareira.

— Tem razão. De facto não há — concordou. — Exceto por um motivo. E esse motivo sou eu.

Fitou-a de novo com a sua expressão sorridente e maliciosa. A contragosto, Cynthis sorriu também. Era quase impossível deixar de fazê-lo face àquele estranho homem de rosto magro que sabia mostrar-se tão insultuoso e tão consistentemente interessante e que considerava vulgares coisas tais como homicídios, álibis falsos e todas as outras formas de transgressão.

— Sabe, não sou muito popular na Scotland Yard — explicou Callaghan. — É compreensível. Em uma ou duas ocasiões, consegui retirar as castanhas quentes de dentro do braseiro mesmo nas barbas da polícia e alguns elementos desta corporação não simpatizam comigo. Estive na Scotland Yard antes de Gringall começar a ter ideias quando à hipótese de Bellamy ser o autor do crime e afirmei a pés juntos que você esteve no meu escritório desde as onze à meia-noite para tratar de um assunto encomendado por uma sua amiga. Infelizmente, Effie Perkins, a minha dactilógrafa, ouviu a nossa conversa e soube do homicídio através dos jornais. Compreendeu que eu lhe proporcionara um álibi falso e tentou vingar-se ao escrever a Gringall um bilhete onde comunicava a hora exata da sua chegada e da sua partida. Se você aparecer agora, Gringall recolher-lhe-á o depoimento e apenas posso aconselhá-la a dizer a verdade.

Fez uma pausa para acender novo cigarro. Depois prosseguiu:

— Se assim for, far-me-ão a vida negra. Talvez até me metam na cadeia.

Callaghan fitou-a com intensidade e viu suavizar-se-lhe a expressão. Suspirou de alívio. Dera resultado!...

— Não lhe quero causar aborrecimentos — garantiu Cynthis. — Suponho que tudo quanto disse ou fez tenha sido por minha causa e não vejo por que motivo deva prejudicá-lo por isso, mesmo sendo injustificado o que pensou de mim.

Levantou-se e foi postar-se em frente do fogo. Callaghan percebeu que ela tomara uma decisão a respeito de qualquer ciosa.

— Vou contar-lhe o que sucedeu ontem à noite — disse Cynthis. — Preciso de falar disso a alguém. Tenho andado num estado de espírito terrível. Se for conveniente para si, não me importo de aqui ficar por mais um ou dois dias até que as coisas se componham com a Scotland Yard, e se quiser contar tudo a Gringall, tanto melhor. Como é óbvio, corroborarei depois as suas afirmações. Não me oferece um cigarro?

Callaghan estendeu-lhe a caixa e acendeu o isqueiro. Em seguida, Cynthis regressou ao lugar que anteriormente ocupava, dando início ao relato dos factos:

— Willie e eu tínhamos combinado ir ontem ao teatro. À tarde, porém, tive uma enxaqueca e telefonei à secretária dele a comunicar que talvez não pudesse ir. Dez minutos depois, recebi um telefonema de August Meraulton, o meu padrasto. Fiquei admirada perante a modificação do seu tom de voz. Em geral, ao falar ao telefone, ele empregava modos bruscos e quase indelicados. Mas, nessa altura, soou-me como a voz de um velho abatido, meio zangada meio suplicante.

»Afirmou ser imprescindível encontrarmo-nos ontem à noite. Disse tratar-se de um assunto urgentíssimo; acontecesse o que acontecesse, teria de falar com ele. Recomendou-me que não dissesse nada a ninguém e que comparecesse às onze da noite no seu escritório de Lincoln's Inn Fields, no último andar de um prédio cujo número me forneceu.

»Perguntei se Willie poderia levar-me até lá, mas ele recusou. Segundo disse, já lhe telefonara e Willie estaria provavelmente muito ocupado durante o dia e mesmo à noite a tratar de assuntos de grande importância para o tio. Recomendou-me que não dissesse uma palavra a ninguém sobre o caso, nem mesmo por telefone.

»Fiquei muitíssimo preocupada com tudo aquilo, conjeturando sobre o que se teria passado. Pouco depois, Willie telefonou-me. Quis saber se já estava melhor da dor de cabeça e se não me importava de desistir da ida ao teatro. Garanti-lhe que não e que tinha um encontro à noite, às onze, o que provavelmente ele já sabia.

»Willie replicou que entendia e depois perguntou-me se já falara consigo, como me havia recomendado. Pareceu-me muito inquieto e censurei-me pelo facto de ainda não ter feito o que Willie me aconselhara a fazer há dias, após ter contactado com Fingal. Quis saber se eu estava disposta a encontrar-me consigo depois do compromisso das onze horas, caso conseguisse marcar a entrevista pelo telefone. Anuí e ele ficou de telefonar para combinar o encontro. Recomendou-me que tivesse cuidado comigo e que tomasse todas as precauções possíveis.

Cynthis atirou para o lume a ponta do cigarro e continuou a narrativa:

— Como é natural, comecei a preocupar-me e fiquei muito nervosa. Às onze menos um quarto, telefonei para a garagem a pedir o meu carro e dirigi-me a Lincoln's Inn Fields. Fui pela Kingsway e pela Portugal Street e subi o lado ocidental da praça. Não tinha bem a certeza de onde se situava o escritório de August; antes disso, nem sequer sabia da sua existência. Aparentemente, o facto fora mantido em grande segredo. Parei o carro a meio da praça, saí e caminhei um pouco à procura do número.

»Estava uma noite péssima, fria e chuvosa. Olhei para o fundo da praça e tive uma surpresa enorme. No extremo, há uma ruela que deita para High Holbom e na esquina, sob o candeeiro, encontrava-se Bellamy. Tinha a gola do casaco erguida e principiou a caminhar nervosamente de um para outro lado. Não me viu. No momento preciso em que decidira chamá-lo, Bellamy dobrou a esquina e seguiu pela ruela.

»Encontrei o prédio do escritório. A porta da rua estava apenas encostada e abriu-se quando a empurrei. No interior fazia escuro. Acendi o isqueiro, comecei a subir as escadas e, depois de muito trepar, atingi o vestíbulo do quarto piso. Na minha frente, havia uma porta de madeira de castanho onde se lia «August Meraulton Particular». Bati, mas ninguém respondeu. Depois de aguardar uns instantes, empurrei a porta e esta abriu-se. O escritório era uma divisão bastante espaçosa, com prateleiras cheias de caixas de arquivo e de outros objetos. Havia também uma grande secretária e papelada em desalinho. Entre a porta e a secretária, estava caída uma cadeira.

»Não sei porquê, senti-me terrivelmente assustada. Quis fugir dali, mas obriguei-me a ficar. Disse para comigo mesma que August tivera de sair por qualquer motivo e que regressaria dentro em breve. Esperei até cerca das onze e vinte e depois decidi partir. Desci as escadas, fechei a porta da rua, dirigi-me ao carro e fiz o mesmo trajeto pelo lado ocidental da praça. Depois lembrei-me da entrevista consigo, entrevista que então me pareceu de enorme importância. Aconteciam coisas extraordinárias e recordei-me das palavras de Willie sobre os perigos que corria. Contornei a praça por Carey Street e parei junto de uma cabina telefónica. Liguei para Clegella House e perguntei ao mordomo se sabia onde se encontrava o patrão. Ele desconhecia até que August tivesse saído de casa. Informou-me de que o seu chapéu, o único que possuía, estava pendurado no vestíbulo, no sítio habitual.

»Ocorreu-me então que talvez o meu padrasto tivesse decidido não comparecer ao encontro por causa do frio e da chuva, muito embora se mostrasse insensível a qualquer condição atmosférica, de modo que disse a Meakins que não tinha importância e que voltaria a telefonar mais tarde. Em seguida, deixei o carro onde estava e dirigi-me a pé para o seu escritório.

»O que aí se passou já você sabe. Depois disso, fui logo para casa e telefonei a Willie de imediato e relatei o acontecido. Garantiu-me existir por certo uma explicação plausível, mas pareceu-me muito preocupado. Ligou para Bellamy sem obter resposta e tentou falar com Jeremy e com Paul, também em vão. Despediu-se dizendo que procuraria inteirar-se do que sucedera a August logo pela manhã.

»A seguir, você comunicou-me por telefone ter havido um «belo assassínio» e recomendou-me que fosse novamente ao seu escritório às duas e meia. Antes de o fazer, telefonei outra vez a Willie. Ficou consternado. Falei-lhe do meu primeiro encontro consigo e disse-me que a melhor coisa a fazer seria voltar ao seu escritório e ouvir o que me tinha a dizer. Willie iria entrar em contacto imediato com Bellamy, se conseguisse descobri-lo, e faria o possível para saber o que se passara. O resto já você sabe.

Callaghan abanou a cabeça num aceno afirmativo, mas nada disse.

— Prenderam Bellamy? — quis saber Cynthis, levantando-se. — Irão prendê-lo?

— Não será preso por homicídio — replicou Callaghan com um sorriso. — Mas aposto que o irão deter, acusando-o de qualquer outra coisa para poderem tê-lo à mão. Gringall dispõe de tudo quanto precisa para arrecadá-lo e Bellamy não tem hipóteses de escapar.

O detetive levantou-se e prosseguiu em tom grave:

— Importa-se de me fazer uma coisa, *Miss* Meraulton? Peço-lha a título de favor, um favor em meu benefício, sobretudo, lastimo dizê-lo.

Cynthis fitou-o. Voltara a adquirir o aprumo habitual. Os seus olhos não tinham a dureza de sempre. «Talvez já não sinta por mim tanta aversão», pensou Callaghan.

— De que se trata? — inquiriu.

— Fique por aqui mais três dias — solicitou Callaghan. — É o limite máximo. Provavelmente, virei visitá-la ou telefonar-lhe-ei amanhã, ou eu ou Willie, e talvez possamos então aparecer à luz do dia. Mas, antes disso, quero combinar as coisas com Gringall. Se me incompatibilizar com ele, dá-me cabo da vida.

Havia uma nota de súplica na voz do detetive. Cynthis sorriu e Callaghan associou o sorriso ao aparecimento do Sol num dia de chuva.

— Muito bem — concordou a jovem. — Farei como diz. Mas que fique entendido: dispõe apenas de três dias para fazer as pazes com Gringall. Entretanto, terei oportunidade de trocar impressões com Willie.

O rosto de Callaghan ensombrou-se de novo. Mentiu:

— Receio bem que não possa fazê-lo. Willie foi a Edimburgo tratar de assuntos respeitantes ao património dos Meraulton; uma das consequências da morte de August Meraulton. Só regressará no sábado. Mas digo-lhe o que farei: Willie ficou de me telefonar amanhã à noite. Quando falar com ele, pedir-lhe-ei a direção e o número telefónico e comunicar-lhos-ei a si.

O rosto de Cynthis alterou-se outra vez, parecendo desapontada.

Callaghan encaminhou-se para a porta. No vestíbulo, pegou no chapéu e voltou-se quando ela disse, adoçando as palavras com um ligeiro sorriso:

— É tudo muito estranho e muito esquisito. Tem a certeza de não ter em mente um dos seus estratagemas habituais? É verdade que não me está a manter afastada de Willie ou a impedir que lhe telefone por considerar-me ainda suspeita?

Callaghan riu com facilidade.

— Seria incapaz de semelhante coisa — garantiu.

Abriu a porta e virou-se de repente para acrescentar em palavras que saíram em catadupa:

— Digo-lhe uma coisa, *Miss* Meraulton: não a deixarei ficar mal. Por si, farei seja o que for.

Sorriu-lhe de novo, com o seu sorriso de colegial traquina.

— Mesmo que fosse a assassina! — rematou, deixando-a especada à porta, a olhá-lo.

Capítulo 7
A festa das garrafas quebradas

Às dez da noite, Callaghan encontrava-se instalado a uma mesa junto à parede de vidro da Lyons Corner House, na Shaftesbury Avenue. Olhava para o exterior, observando os encontros entre as diversas pessoas que se dirigiam ao Monico, rindo e conversando.

Por momentos, formou-se-lhe na mente a imagem objetiva de Londres, cidade cuja essência era constituída por duas partes distintas: uma crosta superior muito delgada e uma camada inferior muitíssimo espessa. A primeira formava o verniz da respeitabilidade, da decência e da pureza que Londres exibia ao mundo; a segunda continha toda a podridão, vigarice barata e sordidez geral da selva existente no seio da grande metrópole, selva cujas fronteiras eram do conhecimento de qualquer funcionário da polícia inteligente.

Sorriu para si próprio ao pensar no escasso número de londrinos que conheciam a sua cidade. Alguns tinham a vaga perceção da existência de um submundo, de um local para onde se viaja de metropolitano e onde se trava conhecimento com uns quantos marginais à espera de exibirem os truques da profissão. A maioria dos habitantes da cidade, porém, ficaria surpresa e perplexa face à verdadeira crónica do crime, dos casos que ocorrem de vez em quando e não figuram na primeira página dos jornais. Esse tipo de coisas acontecia apenas na América, nunca em Londres!

Callaghan sorriu perante tal convicção. Nada havia que não acontecesse em Londres! Todos os dias e todas as noites! Por isso mesmo, a polícia de Vine Street criara a Brigada contra a Corrupção, dirigida por um oficial de primeira categoria, que sabia do seu ofício. Era perito em lidar com uma classe específica de indivíduos que se sentiriam ofendidos se lhes sugerissem a sua qualidade de escroques, indivíduos cuja pulhice e podridão provocavam mais crimes do que os perpetrados pelos criminosos profissionais que se dedicavam ao que se poderiam considerar vigarices decentes e honestas. Se esse vasto grupo específico fosse eliminado, deixaria de existir muita criminalidade, bem como muitos criminosos potenciais.

Callaghan saboreou o café, permitindo-se um instante de simpatia pela polícia, cujas fontes de informação se esgotavam de dia para dia, numa altura em que os «bufos» tinham começado a perceber que é preferível às vezes calar a boca do que ficar com um maxilar esmagado ou com meia dúzia de costelas partidas.

O sorriso de Callaghan ampliou-se ao considerar o que poderia suceder se os editores dos «Dailies» e dos «Sundays» londrinos dessem rédeas a uns quantos jornalistas criminais — as pessoas que conheciam de facto a matéria em causa — e mandassem à fava as leis sobre a difamação. Imaginou o que seriam as primeiras páginas dos jornais nas manhãs de domingo e quantas pessoas verdadeiramente boas fariam as malas e debandariam enquanto era tempo. Perguntou a si próprio se não seria uma delas.

Pagou a despesa e desceu as escadas. Dirigiu-se à cabina telefónica existente a meio da subida da Shaftesbury Avenue e ligou para o *Morning Echo*. Dois minutos depois, falava com Jengel.

— Michael — disse Callaghan —, tenho uma coisa para ti se me prometeres que ficas calado por enquanto. Aposto tudo em como Gringall dará esta noite um golpe no caso Meraulton, provavelmente entre a meia-noite e meia e a uma e meia. Aconselho-te a estares na esquina da Lisle Street com Pallards Place, por volta dessa hora. Fica à espreita do carro-patrulha e, se o vires chegar, segue-o e serve-te à vontade.

— Obrigado, Slim — agradeceu Jengel. — Como vais? Continuas um menino bem comportado?

Callaghan desligou. Atravessou a rua, fez parar um táxi e ordenou ao motorista que o levasse a Gordon Square. Saiu na esquina e atravessou a praça até aos apartamentos Clarendon.

Ficou por instantes parado a vigiar a entrada principal do edifício, até ver o porteiro da noite subir no elevador. Só então passou rapidamente para o lado da rua onde se localizava o prédio e, após ter dado uma vista de olhos à placa com o nome dos inquilinos existente no vestíbulo, começou a subir as escadas. Enquanto subia, pensava em Eulalie Gallicot.

Eulalie Gallicot tinha trinta e dois anos, mas parecia dois anos mais nova. Tinha cerca de um metro e oitenta de altura, contando com os saltos muito altos, cabelos negros e tez escura. Sabia vestir-se e... despir-se. Era francesa e possuía aquele *chic* que se atribui a todas as mulheres dessa nacionalidade e que poucas vezes de facto têm.

Eulalie era uma pessoa sensata. Começara por figurar no coro de uma pequena revista de nudismo francesa do pós-guerra. Sabia uma porção de coisas sobre a vida e praticamente tudo quanto era possível conhecer acerca dos homens. Tinham-lhe dito que se vivia bem em Inglaterra e traçara os seus planos para emigrar para o país, sendo ajudada no projeto por um «financeiro» de Marselha que «financiava» pessoas do género de Eulalie.

Eulalie sabia com exatidão como lidar com Callaghan, pois recebera conselhos de especialistas na matéria.

Ao entrar, o detetive colocou o chapéu preto sobre uma mesa e desabotoou o casaco. Oprimiu-o, a casa excessivamente aquecida, recheada de mobiliário demasiado arrebicado, atravancada de mesinhas e de ridículas bugigangas femininas, forrada a papel de cor vermelha e abundante de veludos também vermelhos.

Eulalie vestia um roupão de seda azul-escura ondeante, que lhe exibia um bom pedaço da perna. Callaghan observou-lhe a figura demoradamente e com um ar de admiração demasiado óbvio para ser verdadeiro.

— Oiça, *Miss* Gallicot — disse o detetive —, ou será Sr.ª Gallicot?

Como ela se limitasse a sorrir, deixando a pergunta sem resposta, Callaghan prosseguiu:

— Desculpe incomodá-la, mas achei que devia dar-lhe duas palavrinhas antes de a polícia desatar a fazer-lhe uma quantidade de perguntas.

Eulalie acenou em sinal de concordância, dirigindo-lhe um sorriso encantador. Depois, levantou-se com graciosidade para estender ao visitante a caixa dos cigarros. Callaghan aceitou, acendeu o seu e o dela e permaneceu de pé até a dona da casa se sentar; conhecia o género de mulheres que apreciam boas maneiras.

Começou a falar afivelando uma expressão descontraída e franca, e utilizou o tom de voz calmo que costumava dar bons resultados quando mentia a pessoas do tipo de Eulalie.

— Não quero fazê-la perder tempo, *Miss* Gallicot — afirmou Callaghan. — De modo que resumirei a conversa o mais possível. Sou detetive privado e estou ao serviço dos advogados da família Meraulton, que têm motivos para crer que um dos membros da família se venha a meter em sarilhos com a polícia devido ao assassínio que já é do seu conhecimento. Passa-se o seguinte: infelizmente, há provas de que Bellamy Meraulton, seu amigo íntimo, segundo creio, se encontrava nas proximidades de Lincoln's Inn Fields por volta da hora do crime. Suponho que depois Bellamy tenha vindo até cá. Quererá dizer-me a que horas isso aconteceu?

— Claro, *monsieur* — replicou Eulalie. — Porque não? *Monsieur* Bellamy chegou a minha casa à meia-noite ou talvez uns cinco ou dez minutos depois.

Callaghan fitou-a com um sorriso encantador, comentando:

— Tinha a certeza de que diria a verdade. E agora tenho a acrescentar o seguinte: se nos deixarem, livraremos Bellamy deste sarilho enquanto o diabo esfrega um olho. A única coisa que tememos é que procure arranjar um álibi falso e que afirme que veio a sua casa bastante mais cedo, às onze e trinta ou às onze e quarenta e cinco, digamos. O que Bellamy tem a fazer é falar verdade. Na altura em que contactei consigo por telefone, achei preferível que a senhora dissesse não ter recebido a visita dele. Depois de pensar melhor, no entanto, cheguei à conclusão de que deveria contar a verdade.

— Tenho de dizer a verdade — asseverou Eulalie. — É imprescindível. Só direi o que for verdade.

— Muito bem! — replicou o detetive. — Ótimo!

Depois, experimentando um tiro ao acaso, prosseguiu:

— Suponho que tenha telefonado a seu marido, Arnault Beldoces, depois de eu ter falado consigo.

O tiro acertou no alvo.

— De facto, telefonei — afirmou Eulalie. — E ele aconselhou-me a dizer a verdade, para não ter problemas com a polícia.

— Muito obrigado, Sr.ª Beldoces... isto é, *Miss* Gallicot — agradeceu Callaghan, ao levantar-se. — Mais uma pequena coisa: a senhora fará como entender, claro, mas, no seu caso, não procuraria entrar em contacto com Bellamy. Por certo que a polícia colocou o seu telefone sob escuta e não há necessidade de complicar as coisas mais do que estão, não será assim?

Eulalie levantou-se também, garantindo:

— Não tenciono falar com o Sr. Bellamy. Não quero meter-me no assunto. Se me fizerem perguntas, direi a verdade; se não fizerem, ficarei calada. Compreende?

— Perfeitamente — garantiu Callaghan. — Acho que a senhora é uma mulher muito sensata. Boa noite.

Sorridentes, despediram-se com um aperto de mão.

Instalado no escritório do quarto andar de Chancery Lane, Callaghan entregava-se a pensamentos construtivos. No gabinete exterior, Fred Mazin, com os pés apoiados na mesa da máquina de escrever, balanceava-se na velha cadeira de Effie Perkins, absorto no estudo dos participantes das corridas do dia seguinte em Cheltenham.

Callaghan pensava ser possível prosseguir no esquema que traçara. A primeira coisa a fazer seria apanhar as duzentas libras a Bellamy ou o que lhe conseguisse extorquir; provavelmente, já arranjara o dinheiro.

Gringall pusera com certeza um par de homens na cola de Bellamy; segui-lo-iam ao sair de casa, em Pointers Mews, até ao Green Signal e depois telefonariam a Gringall. Entrementes, sob qualquer pretexto, Gringall faria que o criado de Bellamy se ausentasse e vasculharia a casa. Encontraria então o chapéu cinzento e o caso ficava resolvido. Gringall deitaria a luva a Bellamy sob uma acusação qualquer — provavelmente por posse de estupefacientes — mantendo-o preso até reunir provas suficientes para incriminá-lo por homicídio.

Eulalie Gallicot corroboraria a ideia geral. Afirmaria que Bellamy chegara a sua casa à meia-noite ou à meia-noite e meia hora. O plano era fazer que Bellamy dissesse algo de diferente, parecendo que procurava forjar um álibi. E levá-lo a dizer «algo de diferente» não era muito difícil. Uma coisa intrigava Callaghan, porém: a que horas chegara de facto Bellamy ao apartamento da amante. Esta dera-lhe a impressão de haver «ensaiado» — e muito bem — tudo quanto dissera.

Callaghan sorriu um tanto soturnamente. Também isso havia de descobrir. Tirou do bolso o bloco de notas de capa preta e tomou alguns apontamentos. Depois consultou o relógio; eram onze e um quarto. Sentia-se extremamente cansado. Pôs o chapéu.

— Guarda o castelo, Fred — recomendou à saída. — Fica até às duas e depois fecha o estaminé. Até logo.

O Green Signal assemelhava-se a todos os estabelecimentos do género; era «um daqueles sítios». Iniciado da maneira como principiam quase todas as *bottle parties* públicas, ou seja, como protesto contra as normas estabelecidas pelos avós, transformara-se depois no fulcro de meia dúzia de vícios diversos, constituindo um local de encontro de elementos de dois ou três submundos que preferiam viver durante a noite a fim de melhor ocultarem os rostos à luz do dia. De vez em quando, só para «ver como era», algumas pessoas decentes misturavam-se aos fregueses habituais; uma visita bastava-lhes, em geral.

A casa localizava-se em Pallard's Place e, para se entrar, subia-se um lanço de escadas, percorria-se um passadiço, batia-se na parede do prédio vizinho, descia-se de novo, dava-se a conhecer a presença no piso inferior e era-se então admitido, entrando na cave.

A sala era uma divisão comprida e em forma de L, com a base virada para a esquerda. No canto direito, sobre uma plataforma, quatro reputados mexicanos — dois deles oriundos de Marselha, um de Mile End e outro de Lisle Street — dedilhavam guitarras, bandolins espanhóis e outros instrumentos comoventes.

Quatro criados, cujos olhos mantinham um círculo azul de perpétua fadiga, permaneciam encostados às paredes quando não eram obrigados a precipitar-se escada acima em busca do serviço encomendado por um cliente, pois as bebidas (é assim a lei britânica) tinham de ser adquiridas nos estabelecimentos do ramo localizados à esquina da rua.

No local, encontravam-se apenas umas quinze pessoas, mulheres na sua maioria. Numa simples vista de olhos, adivinhava-se com facilidade o que eram e o que faziam; existindo três conjeturas a tal respeito, acertar-se-ia em todas elas, muito provavelmente.

Os circunstantes pareciam cansados. Isso acontecia porque, quase todos eles, procuravam com afinco escapar a si próprios e aos respetivos pensamentos. Fracassavam, em geral, e recorriam à garrafa de *brandy* e ao pó branco que, com uma simples aspiradela, lhes dava uma sensação de liberdade durante meia hora, ou ainda à injeção hipodérmica no braço, que tirava a pessoa de dificuldades para metê-la em outras ainda maiores, ou seja, como resolver o problema da aquisição da dose de droga seguinte e, quando suplantada tal barreira, o novo problema de saber quem a pagaria. De facto, tal como comentam os jornais de domingo, quando um homem ou uma mulher se droga, alguém — usualmente mais do que uma pessoa — pagará muito caro, mesmo que o pagamento nem sempre se faça em dinheiro.

Ao descer as escadas, Callaghan avistou Bellamy sentado a uma mesa do canto oposto. O detetive deu uma vista de olhos à sala e notou que a outra porta, situada sob os reposteiros no extremo do L, não se encontrava fechada, o que se depreendia pela maneira como aqueles caíam.

No outro lado da mesa, diante de Bellamy, achava-se um indivíduo meio ébrio, vagamente parecido com Bellamy, mas um ou dois anos mais velho. Callaghan deduziu que se tratasse de Percival, o que estaria certo.

Bellamy estava de mau-humor, um mau-humor feito de tédio e sobretudo, de medo. Tinha a testa molhada de suor, as mãos tremiam-lhe e, no rosto, notava-se-lhe aquele tom azulado peculiar que advém das noitadas contínuas e do uso da morfina. Bebia um *brandy*.

Callaghan instalou-se junto dos dois homens.

— Não percamos tempo — começou Bellamy em tom brusco. — Não quero perder tempo. Desejo saber o que se passa. E, em especial, quero provas daquilo que me disser. Não sei por que motivo confiarei em si em particular e pretendo saber qual a minha posição. Eu...

Teria falado interminavelmente se Callaghan o não interrompesse ao estender a mão e segurando-lhe o braço com força. Fez um gesto a indicar Percival.

— Diga-lhe que desapareça — ordenou o detetive. — O que tenho a dizer só a si interessa e a mais ninguém. E se não se mostrar delicado, mantendo uma linguagem civilizada, então vou-me embora, deixando-o arcar com as consequências. Compreende?

Bellamy abriu a boca para protestar, pensou melhor e depois falou com Percival. O irmão levantou-se e saiu. Ao vê-lo subir as escadas a passos hesitantes, Callaghan pensou que não duraria mais de seis meses. Há um limite para o que o estômago e o coração humano conseguem suportar.

Com os olhos em Bellamy, o detetive acendeu um cigarro e inquiriu:

— Arranjou o dinheiro? Todo?

— Escute... iniciou o interpelado.

Callaghan cortou-lhe a palavra, dizendo:

— Como queira. Faça o que quiser. Pode pagar e calar-se ou pode ficar a falar sozinho. Não vim aqui para ouvir.

Bellamy limpou a testa com o lenço a cheirar a verbena. Depois, procurou no bolso interior do casaco, a necessitar de ser escovado, e extraiu dele um molho de notas. Entregou-as a Callaghan num gesto de quase desespero. O detetive contou o dinheiro e fê-lo desaparecer na algibeira — vinte notas de dez libras, ou seja, duzentas libras.

— Muito bem — disse.

Com movimentos deliberadamente lentos, acendeu novo cigarro, brincando com os nervos tensos e com a impaciência torturada de Bellamy.

— Agora, escute — principiou Callaghan. — Vou falar-lhe com franqueza. Está metido num sarilho dos diabos e, se o afirmo, é porque é mesmo assim. Não procuro assustá-lo porque me não paga para isso; mas terá de saber a verdade mais tarde ou mais cedo.

Inclinou-se sobre a mesa e prosseguiu com suavidade:

— Você é suspeito da morte de August Meraulton. A polícia tem a certeza de ser você o tipo que procuram... Desconheço que informações possuem ou não possuem, mas uma coisa eu sei... alguém lhes disse que o viu nas vizinhanças de Lincoln's Inn Fields, às onze da noite ou pouco depois.

O rosto de Bellamy tornou-se lívido, exclamando:

— Oh, meu Deus! Foi aquele estupor da Cynthis. Aquela... Foi ela quem lhes disse, não? Mas que fazia Cynthis por lá? Isso é que eu gostaria de saber. Que é...?

O tom de voz de Bellamy começara a elevar-se.

— Cale-se! — ordenou Callaghan. — Que importância tem isso? Cynthis não me preocupa. O que me preocupa é como livrá-lo desta encrenca. Oiça-me e deixe-se de lamúrias e de gritos, pois põem-me doente. Depois de sair de Lincoln's Inn Fields, foi visitar Eulalie Gallicot, não foi? Muito bem. A que horas chegou?

Bellamy pensou durante alguns momentos e disse por fim:

— Não estou bem certo, mas foi pouco depois das onze; talvez às onze e um quarto.

Callaghan riu de si para si. Que piada! Bellamy diria à polícia o que ele, Callaghan, pretendia que dissesse. Afirmaria que chegara a casa da amante às onze e um quarto e esta deitaria por terra tal afirmação ao garantir que ele só aparecera à meia-noite ou pouco depois dessa hora. E o mais engraçado é que, provavelmente, Bellamy falava verdade.

— Muito bem — garantiu Callaghan. — Tudo bem, porque, segundo parece, o velhote foi morto entre as onze e quinze e as onze e vinte, pouco mais ou menos.

Tratava-se de uma invenção, pois Callaghan não fazia a mínima ideia de qual fosse a verdadeira hora do crime. O médico legista da polícia ainda não dera a conhecer o relatório.

— Assim sendo, diga a verdade — aconselhou o detetive. — Se algo acontecer, informe-os da hora a que chegou a casa de Eulalie e ela confirmá-lo-á. Segundo creio, Eulalie dirá à polícia ter chegado às onze e um quarto, não?

Bellamy forçou um sorriso e asseverou com ligeiro tom de orgulho na voz:

— Disso tenho eu a certeza. Eulalie dir-lhes-á isso também.

Callaghan compreendeu que Bellamy entrara em contacto telefónico com a amante acerca do assunto. Esta afirmara-lhe, claro, que diria à polícia a hora verdadeira e fora depois aconselhada a acrescentar-lhe uma hora. Belo trabalho!

— Com um pouco de sorte, tudo correrá bem no que lhe diz respeito — garantiu Callaghan. — Você possui um álibi inabalável, impossível de derrubar.

Bellamy desatou novamente a agitar-se. De três em três palavras a voz desfalecia-lhe. Inquiriu:

— Quem me procura incriminar? Quem? Essa maldita Cynthis, não? Essa ambiciosa...

— Acalme-se — aconselhou Callaghan com brandura. — Acalme-se. Claro que se trata de Cynthis. Você sabe tão bem como eu ter sido ela a dar o tiro no velhote e sabe igualmente por que motivo o fez. Mas não espera que Cynthis o admita, pois não? Se puder, quererá salvar a pele. Ora bem, o que ela afirmar a seu respeito é uma coisa e o que a polícia conseguir provar é outra bem diferente. Neste país, são precisas provas para condenar assassinos.

Com um sorriso, o detetive prosseguiu, indagando:

— Alguma vez leu poesia? Não sei se conhece estes versos:

Vê como ela rodopia e se contorce em tremenda agonia.
Apalpa o pescoço, minha bela, que te espera o carrasco impaciente.

»Li-os num velho livro de poemas. E aposto que, neste momento, Cynthis está a apalpar o pescoço, sem que lhe agrade a sensação dos próprios dedos. Aposto também que os dedos são muito mais macios de que a corda.

Afastou a bebida que Bellamy lhe oferecera e afirmou em tom despreocupado:

— Tudo o que tem a fazer é ficar tranquilo e manter a sua versão. Dispõe de um álibi indestrutível.

Bellamy engoliu o *brandy* de um só trago, fazendo um aceno afirmativo com a cabeça algo relutante.

Sobre a plataforma, o quarteto musical, que redobrava a energia devido à sobrancelha erguida de Margualez, o gerente, atacou um tango, que consistia, sobretudo, no débil gemido da guitarra havaiana de cordas de aço dedilhada pelo maestro de Mile End. Alguns pares principiaram a evolucionar na pista de dança.

No canto oposto, um cavalheiro procurava beijar a acompanhante, sendo os seus esforços acolhidos com uma pancada na cabeça desferida pela malinha de mão. Um pouco mais longe, outra dama, face ao pungente passado que a melodia lhe lembrava, começou a chorar com amargura e eficácia para proveito de um homem jovem com aspeto de americano que envergava *smoking* e que, com mais algumas bebidas, iria acabar por cair na velha história do «antigamente, eu era boa rapariga».

Bellamy serviu-se de outra bebida. Do andar superior, vindo do lado do passadiço, chegou um som de vozes verdadeiramente másculas e de passos pesados. Callaghan, de olhos fixos no ângulo formado pelas escadas e pelo teto, viu surgir um par de grandes botas e de calças azuis. Levantou-se.

— Volto já — disse a Bellamy.

Atravessou a sala rapidamente até ao outro extremo, direito aos reposteiros. Deslizou por entre eles e transpôs a porta semiaberta no instante em que a polícia fazia o seu aparecimento.

Espreitou por entre os cortinados de seda impregnados de cheiros. Avistou Gringall na companhia de outros dois homens do Departamento de Investigação Criminal, um par de indivíduos em trajes civis que dir-se-ia oriundos de Vine Street, e de um motorista uniformizado da patrulha, postados no meio da pista de dança.

Margualez esbracejava, protestando.

— Pronto, pronto — dizia Gringall. — Não se enerve. Talvez isto seja uma *bottle party* no sentido legal da expressão, conquanto não saiba onde você foi buscar licença para tocar e dançar. É possível que a polícia de Vine Street se queira inteirar do caso um destes dias, depois do que você terá uma festa de garrafas partidas. Entretanto, vou dar duas palavrinhas a certo cavalheiro.

Dirigiu-se a Bellamy e ficou a observá-lo. Este terminou a bebida e Callaghan ouviu o vidro do copo a tilintar de encontro aos dentes. Levantou-se depois com movimentos inseguros e fitou o inspetor-detetive quase a chorar.

— É o Sr. Bellamy Meraulton, não é verdade? — inquiriu Gringall com calma. — Sou da polícia. Está preso sob a acusação de posse ilegal de estupefacientes. Não se enerve e acompanhe-nos sem problemas.

No seu esconderijo, Callaghan sorriu. Fechou a porta de mansinho, atravessou o corredor tateando, descobriu a porta das escadas que deitavam para o exterior e subiu calmamente a rua que conduzia a Viners Passage. Acendeu um cigarro e, depois, dobrou a esquina, passando por duas viaturas da polícia. No outro lado da rua avistou Jengel, encostado à parede e dirigiu-se-lhe.

— Não te disse? — comentou. — Acabam de deitar a luva a Bellamy sob a acusação de posse de drogas. Vão mantê-lo preso sem admissão de caução até terem matéria suficiente para o acusar de homicídio. A inquirição judicial sobre o caso de August Meraulton será protelada até Gringall obter provas concludentes contra Bellamy.

— É tudo quanto tens? — inquiriu Jengel.

— É — respondeu Callaghan. — Adeus, Jengel.

Desceu a rua até certa distância, passou para o outro lado, descobriu uma entrada escura e entrou. Havia luz nas escadas. Subiu ao primeiro andar e empurrou a porta.

O escritório estava bem mobilado. No canto oposto, em diagonal face à entrada, estava uma grande secretária de madeira de carvalho de cor clara. Atrás dela, a fumar e a conferir contas, sentava-se Arnault Beldoces.

Beldoces era um indivíduo de boa aparência e grande estatura. Tinha ombros largos e cabelos negros, ondulados e oleosos. Na face redonda, os olhos castanhos e amplos observavam em linha reta um mundo que apreciavam com um sentimento de desconfiança ou aprovação. Todos os dias, tinha um leve tom de azeitona sob os resquícios de pó de talco deixado pelo barbeiro. Os fatos tinham corte excelente, as camisas eram de seda e as gravatas, adquiridas em Burlington Arcade, custavam um guinéu.

— Olá, Slim — cumprimentou Beldoces com desenvoltura. — Que se passa? Poucas vezes te vejo, nestes últimos tempos. Queres alguma coisa?

Callaghan fechou a porta e atravessou a sala, postando-se diante da secretária.

— Escuta, Beldoces — principiou. — Tu conheces-me e eu conheço-te. És um tipo por quem tenho pouca simpatia e acho que também não gostas muito de mim. Ora bem. A Scotland Yard acaba de entrar na tua espelunca, no Green Signal. Mas desconheço se se trata de rusga ou de caçar alguém em especial.

Beldoces encolheu os ombros, replicando:

— Ora, meu amigo, coisas que acontecem! Sou um filósofo. Tudo se compõe quando se espera com calma. Apenas mais uma multa sem importância.

— Talvez tenhas razão — disse Callaghan. — Assim sendo, mantém-te calmo e responde a umas perguntas. Responde sem hesitações e diz a verdade pelo menos uma vez na vida. Telefonei hoje a Eulalie Gallicot. Concluí que vocês são casados e é uma pena que o anjinho do Bellamy não saiba disso. Bem, telefonei-lhe pois sabia que se estivesse ligada a ti te telefonaria a perguntar como proceder. E telefonou, não telefonou? Tenho cá a ideia de que lhe sugeriste que me dissesse e a mais ninguém que Bellamy Meraulton só chegou a sua casa lá pela meia-noite ou meia-noite e picos, quando, na verdade, Bellamy apareceu às onze e dez ou onze e um quarto. Mas isso não me incomoda em especial. Aliás, até me convém bastante e, possivelmente, neste instante, Eulalie está a dar o teu «recado» a algum tipo do Departamento de Investigação Criminal enviado por Gringall. Mas o caso é que tenho de me certificar se foste tu ou não que a instruíste nesse sentido. Então?

Com uma gargalhada, Beldoces retorquiu:

— Sabes como sou, Slim. Não respondo a esse género de perguntas. Não digo nada; nem uma palavra.

Riu de novo e agitou as mãos num gesto cheio de graciosidade.

O corpo de Callaghan projetou-se por sobre a secretária com a rapidez do relâmpago. O braço direito recuou e o punho embateu no maxilar de Beldoces com um som abafado. Quase de imediato, a mão esquerda, aberta e em trajetória linear, num golpe de praticante de judo, atingiu o rosto gordo, por debaixo do nariz, fazendo espirrar um esguicho de sangue que maculou o colarinho e o peitilho da camisa de seda. Depois, atravessado por sobre o tampo da secretária, Callaghan aplicou-lhe um golpe ao queixo e ao pescoço utilizando o cotovelo.

O homem tombou lateralmente em conjunto com a cadeira e o detetive precipitou-se sobre ele. Com um esforço de ombros possante, Beldoces conseguiu desembaraçar-se do adversário, endireitou o pescoço, levantou-se e enfrentou-o, rosnando.

Callaghan recuou, esticou o corpo sobre a ponta dos pés e simulou um golpe ao rosto do outro. Beldoces impeliu para diante o braço esquerdo, a fim de apará-lo e bateu às cegas com o punho direito. Mas o detetive deu um passo lateral para a direita, susteve o murro com o braço esquerdo e aplicou um duplo «carpentier» ao queixo de Beldoces, não muito eficaz por não ter a acompanhá-lo o peso suficiente.

Ao compreender isso, Callaghan secundou o golpe erguendo o braço e batendo violentamente com a ponta do cotovelo nos olhos do opositor. A cabeça de Beldoces projetou-se para trás. Ao mesmo tempo, Callaghan baixou a dele e cabeceou-lhe o estômago saliente. Beldoces deixou-se cair, arquejando. Callaghan saltou em cima do corpo prostrado, escarranchou-se nele de joelhos sobre os músculos dos braços e comprimindo a ponta dos joelhos contra a articulação com o antebraço, esmagando-lhe a carne com movimentos de vaivém das pernas, até que Beldoces começou a transpirar de dor.

— Ouve bem, meu seboso — advertiu o detetive em tom suave. — Vais falar e depressa. Respondes sim ou não ou começo a trabalhar-te as ventas. Foste tu quem aconselhou Eulalie a propor a Bellamy o álibi? Vamos, sim ou não?

Beldoces permaneceu mudo. Debatia-se com dores; escapou-lhe um gemido por entre os lábios cerrados.

Callaghan colocou o polegar bem no centro do nariz do outro, comprimindo-o e continuou a fazê-lo até o achatar. O estrangeiro gritou, contorcendo-se e coleando sob o dedo que o torturava.

— Eu falo, eu falo — conseguiu articular. — Sim, fui eu que lhe disse para o fazer. Fui eu.

Callaghan retirou o polegar.

— Muito bem — afirmou. — Agora, quero saber mais uma coisa...

Interrompeu-se, inclinando a cabeça para o lado, à escuta. Depois deu um salto, libertando o corpo de Beldoces, correu para a porta e, com ar mais natural do mundo, retirou do bolso o maço de cigarros.

A porta abriu-se nesse instante e Gringall entrou no gabinete.

A sangrar, de nariz vermelho como uma peça de carne crua, Beldoces conseguiu pôr-se de pé e arrastar-se até uma cadeira de braços.

— Boa tarde, Slim — saudou o recém-chegado. — Com que então, em amena cavaqueira com o dono da casa!

— Sim, estivemos a conversar — replicou Callaghan, sorrindo e encaminhando-se para a saída.

Gringall olhou para Beldoces e depois para Callaghan, quando este já colocava a mão na maçaneta da porta.

— E é você o tipo que se insurge contra interrogatórios severos! — comentou de lábios crispados. — Bem, boa noite, Slim.

— Boa noite, Gringall — despediu-se Callaghan.

Fechou a porta e ficou à escuta. Ouviu o inspetor a começar a falar.

— Estive no Green Signal — dizia. — Detive Bellamy Meraulton sob a acusação de posse ilegal de estupefacientes e pretendo que me diga onde é que ele adquire a droga...

Callaghan desceu as escadas sem fazer barulho.

Capítulo 8
O que os olhos não veem

Um raio de sol de inverno penetrou por entre os cortinados corridos do quarto de Callaghan no Axford Private Hotel, despertando-o ao incidir-lhe diretamente no rosto.

Esfregou os olhos e sentou-se na cama. Telefonou a pedir chá e, enquanto saboreava a bebida, entregou-se a pensamentos sobre a situação presente quanto ao caso do homicídio de August Meraulton. Fosse o que fosse que havia a fazer, teria de fazê-lo rapidamente. Gringall não se deixaria iludir por muito tempo. Confrontado com as negativas de Bellamy quanto ao conhecimento do chapéu de feltro cor de ardósia e quanto à forma como fora parar à sua casa de Pointers Mews, o inspetor acabaria por descobrir de onde proviera o objeto. Talvez demorasse uns dois dias a encontrar-lhe a pista, depois do que, a par da visita de Callaghan a Bellamy pouco depois da compra do chapéu, compreenderia o que se passara.

Ficaria a saber que fora Callaghan quem colocara o chapéu em casa de Bellamy; a saber que o tinha induzido a detê-lo sob a acusação de «posse ilegal de estupefacientes» apenas como pretexto para conservá-lo preso; a saber também que, de maneira deliberada, Callaghan lançara uma carta falsa no caminho das forças da lei e da ordem. Na posse de todos estes conhecimentos, Gringall chegaria à rápida conclusão de que o detetive privado não só falseara o álibi de Cynthis Meraulton, como também iria até aos maiores extremos para mantê-la fora do caso. Deste modo, Cynthis tornar-se-ia ainda mais suspeita.

Gringall pôr-se-ia então em campo para descobri-la, recorrendo a todos os auxílios. Inundaria a imprensa de fotografias dela, poria de sobreaviso os porteiros noturnos e diurnos, os funcionários dos caminhos de ferro, valendo-se também de todas as outras possíveis fontes de informação.

Cynthis Meraulton leria os jornais, perceberia as artimanhas de Callaghan, detestá-lo-ia ainda mais do que de início e, provavelmente, daria um passeio até à Scotland Yard no mero intuito de solicitar um inquérito e de provar que não fugira.

«Que linda situação!», pensou Callaghan, bocejando. Dispunha de dois dias, talvez de três, dois de certeza.

Havia ainda outro fator a considerar: Bellamy. Este começara por se assustar. Depois, passaria ao estado de furioso, ao verificar que a acusação de posse de droga não passava de mero pretexto para o conservar às ordens da polícia por suspeita de homicídio.

Muito provavelmente, isso soltar-lhe-ia a língua. Diria então a Gringall que vira Cynthis em Lincoln's Inn Fields; na verdade, teria de admitir simultaneamente a sua própria presença no local, mas confiaria no álibi a corroborar por Eulalie Gallicot. Esta pregar-lhe-ia a partida e Gringall hesitaria entre dois suspeitos: Cynthis e Bellamy. Pensaria mesmo, porventura, que ambos tinham praticado o crime.

Callaghan saiu da cama e foi instalar-se numa cadeira de braços, admirando o novo pijama de seda azul. Meteu os dedos no cabelo espesso e negro pesando as dificuldades da vida de um polícia, sobretudo se tinha de descobrir provas incriminatórias contra um alegado homicida, provas cabais sem a mínima sombra de dúvida.

Despiu o roupão, tomou banho, barbeou-se e regressou ao quarto. Remexeu as algibeiras e contou o dinheiro conseguido até à data. Das quinhentas libras pagas por Cynthis Meraulton aquando da primeira visita, restavam-lhe duzentas e oitenta. A somar a estas, havia as trezentas recebidas de Willie Meraulton, mais as duzentas de Bellamy, conseguidas na noite anterior: um total de setecentas e oitenta libras. Não dispunha de suficiente para o que pretendia fazer. Alguém teria de pagar mais algum.

Encarara já tal disponibilidade e tinha umas quantas ideias sobre a futura proveniência do dinheiro em falta, mas o processo para a sua obtenção seria notavelmente complicado. Inspecionou as notas com grande minúcia, verificando-lhes os números e assentando-os no pequeno bloco de apontamentos de capa preta.

Depois vestiu-se, enquanto a sua mente se ocupava da criada de Cynthis Meraulton. Seria uma rapariga esperta ou estúpida? Talvez a polícia tivesse já conversado com ela em casa da patroa, na Victoria Street, fazendo perguntas sobre o paradeiro desta última e descobrindo pormenores gerais sobre os acontecimentos. Callaghan riu para si próprio ao pensar que a criada não dispunha de qualquer informação pelo facto de nada saber. Fosse como fosse, iria até lá falar com ela.

Mas tinha de andar depressa, pois Gringall não deixaria de assediá-lo uma vez descoberto o seu jogo de lançar suspeitas sobre Bellamy. Poderia apanhá-lo com base em duas ou três acusações. Uma delas, bastante boa e antiga (uma lei de 1896), era a constituída pela «obstrução ao livre curso da justiça», que conviria tão bem a Gringall como qualquer das outras.

Callaghan imaginou-se nos trabalhos forçados e teve um sorriso um tanto pálido.

Desceu para tomar o pequeno-almoço. Enquanto esperava que o servissem, vagueou pelo vestíbulo e depois entrou na cabina telefónica. Marcou o número de Revenholt e perguntou-lhe se já tinha informações a transmitir-lhe.

— Tenho bastantes, Callaghan — asseverou ele, rindo. — Quando as ouvir, verá que mereço bem as outras oitenta libras.

— Veremos — replicou o detetive.

Ordenou a Revenholt que fosse ter com ele de imediato ao hotel.

Revenholt fitou Callaghan sentado ao lado oposto da mesa. O recém-chegado tinha um aspeto fresco e próspero, olhar luminoso e límpido. Callaghan deu por si a perguntar-se por que motivo as pessoas desse género pareciam sempre diferentes do que na realidade eram.

Revenholt tirou do bolso uma folha de papel.

— Foi terrivelmente fácil e muito interessante — comentou.

Acendeu o cigarro que Callaghan lhe oferecera.

— Há três anos e meio — principiou —, Paul Meraulton adquiriu nem mais nem menos do que quatro empresas registadas originalmente há já muito mais tempo; o mesmo é dizer que lhes comprou as designações comerciais. Sabe como se faz? Regista-se uma firma, efetuam-se algumas transações e depois abre falência. Liquida e desaparece do mapa. Quem quer que esteja disposto a pagar as despesas do liquidatário... bastante reduzidas em casos deste género... pode tomar posse do ativo da firma e reativá-la. O ativo é constituído, em regra, apenas pelo nome comercial e por umas quantas dívidas. Pois bem, foi isto que Paul fez: pela quantia de cerca de vinte libras, adquiriu quatro antigas empresas, liquidadas e inativas há vários anos. Tem aí os nomes.

Revenholt empurrou a folha de papel na direção de Callaghan e este leu:

The Cunnecticut Export and Trading Company Ltd., The Freshwater and llworth Trust Company Ltd., The Endeavour Coal Finance Syndicate Ltd., The Greater Atlantic Bond Company Ltd.

Quando o detetive terminou a leitura, Revenholt prosseguiu:

— Paul Meraulton comprou as primeiras duas firmas no começo de 1943 e as duas últimas no fim desse mesmo ano. Achei que gostaria de saber os nomes dos diretores e dos acionistas e, por isso, fiz mais algumas pesquisas. E descobri isto: Paul Meraulton é diretor-gerente de todas elas e os únicos outros acionistas — também diretores — são os irmãos Bellamy, Percival e Jeremy. A sede das quatro empresas situa-se no número vinte e dois de Greeneagle Street, Russel Square, e é constituída por um escritório no terceiro andar, provido de uma secretária, um telefone e alguns livros de contabilidade. Paul Meraulton desloca-se aí uma vez de quinze em quinze dias, demorando-se apenas uma hora; para verificar se há correspondência, suponho eu.

Revenholt serviu-se de outro cigarro.

— São estas as informações que pretendia? — inquiriu jovialmente.

— Convêm-me bastante — replicou o detetive com um sorriso. — Bom trabalho, Revenholt.

Callaghan levantou-se do assento.

— Há ainda uma pequena coisa que gostaria que fizesse — disse. — Depois poderá procurar Darkie para receber as restantes oitenta libras. É o seguinte: Jeremy Meraulton tem uma rapariga, uma hispano-americana, segundo se diz. Pretendo saber onde se encontra habitualmente. Talvez viva com Jeremy na casa que ele tem neste lado de Oxford, casa a que dão o nome de Show Down; mas talvez nem sempre lá esteja. Talvez se desloque ao centro a compras ou se ausente às vezes por alguns dias. Descubra isso. Quero apanhá-la quando estiver só e ter com ela uma pequena conversa confidencial. Acha que poderá saber-me disso?

Revenholt fez um gesto afirmativo, garantindo:

— Não será difícil. Entrarei em contacto com alguém que conheça outro alguém empregado na Show Down e ficarei a saber o que pretende. Ou empregarei outros meios — acrescentou sombriamente.

— Muito bem — disse Callaghan. — Descubra isso e se já tiver as informações à tarde, telefone para o meu escritório de Chancery Lane, às quatro horas. Se eu lá estiver, falarei diretamente consigo. Se não for o caso e se souber do local onde posso apanhar essa Mayola Ferrival, é esse o nome da rapariga em questão, comunique-o a Fred Mazin, que toma conta do escritório e que mo transmitirá quando entrar em contacto com ele. Percebeu? E logo que me der a informação sobre o paradeiro de Mayola, poderá falar com Darkie para receber as oitenta libras. Está bem assim?

— Ótimo — consentiu Revenholt. — Arranjo-lhe a morada logo que puder, se não por sua conveniência, pelo menos pela minha.

Endereçou ao detetive um dos seus amplos sorrisos, todo feito de dentadura e de bom-humor, sorriso que enganara temporariamente umas quantas mulheres desiludidas, pegou no chapéu e desapareceu. Sorrindo, Callaghan ficou a vê-lo afastar-se.

Até ao meio-dia, Callaghan permaneceu no vestíbulo do Axford Hotel, pensando, fumando cigarros e bebendo café. Depois, emalou os seus pertencentes, pegou na conta, tomou um táxi para a estação de Victoria e depositou a mala no compartimento das bagagens.

Desceu Victoria Street, sem pressa, pelo passeio oposto a Greenford Mansions, onde morava Cynthis Meraulton. Ao chegar próximo do prédio, confundiu-se com as muitas pessoas que aguardavam na paragem do autocarro para vigiar as imediações, enquanto espiava a presença de polícias em trajes civis. Depois, satisfeito, dirigiu-se à porta do edifício, subiu ao primeiro andar e tocou a campainha.

Gostou do aspeto da jovem que o veio atender. Tinha cerca de vinte e dois anos, cabelos ruivos e a tez clara que costumava acompanhar as cabeleiras dessa cor. Fitava as pessoas com franqueza e descobria-se-lhe nos lábios um toque de humor. Pareceu-lhe um tanto preocupada.

— Bom dia — cumprimentou Callaghan. — É a criada de *Miss* Meraulton?

A rapariga fez um aceno afirmativo, acrescentando, porém:

— Mas a senhora não está. E não sei...

Callaghan interrompeu-a, sorrindo:

— Sei que não sabe. Chamo-me Callaghan. Pertenço à firma de advogados que se ocupa dos assuntos de *Miss* Meraulton e preciso de falar consigo.

— Entre, por favor — convidou ela, afastando-se para deixá-lo passar.

Callaghan entrou, atravessou o vestíbulo e transpôs a porta que a criada lhe abriu. No interior da sala, observou-lhe o rosto, um rosto cheio de benevolência, de honestidade e de sentimentos fraternos.

— Como se chama? — inquiriu o detetive.

— Jenny Appleby — informou a criada, com expressão de expectativa.

— Escute, Jenny — iniciou Callaghan em voz calma. — Lê os jornais, não lê? Muito bem. Então está a par do que sucedeu e sabe que *Miss* Meraulton se ausentou, embora desconheça para onde.

Acendeu um cigarro e sorriu a Jenny, que, de boca aberta, aguardava alguns esclarecimentos. Callaghan sentiu ser ela o género de pessoa que se emocionaria perante um bom filme, uma rapariga dotada de sentido dramático, e deu à voz inflexões mais profundas:

— A minha firma e eu, Jenny, trabalhamos para proteger *Miss* Meraulton. Sabemos quem são os seus amigos e os seus inimigos. E sabemos que você se inclui entre os primeiros.

— Faria fosse o que fosse por *Miss* Cynthis — garantiu Jenny. — É a melhor amiga que já tive. Ela...

— Eu sei — replicou Callaghan solenemente. — Sei tudo a esse respeito. *Miss* Meraulton falou-me muito de si —, prosseguiu, mentindo com a tranquilidade habitual.

Sentou-se e fez sinal à criada para que o imitasse. Jenny acomodou-se na borda de uma cadeira tanto quanto seria possível para não cair.

— Teve já algumas visitas, não é verdade? — inquiriu Callaghan em tom insinuante. — Esteve cá o Sr. Gringall da Scotland Yard, não esteve? Disse-me que viria falar consigo.

Jenny acenou afirmativamente, dizendo:

— Esteve cá ontem à noite. Perguntou se sabia onde se encontrava *Miss* Cynthis. Fez também perguntas sobre a viagem dela, para onde fora. Disse-lhe que não sabia e que ela me teria informado do local para onde ia se acaso quisesse que as pessoas soubessem.

Sacudiu a cabeleira vermelha.

— Linda menina! — elogiou Callaghan. — Que mais perguntou ele?

— Fez-me perguntas estranhas — retorquiu Jenny. — Se eu sabia de uma pistola pertencente a *Miss* Cynthis. Respondi-lhe que sim, que tinha uma há muitos anos, pertença do pai durante a guerra, mas uma pistola muito pequena.

Callaghan abanou a cabeça. Não era uma informação muito boa. August Meraulton fora morto com uma pistola «pequena», uma pistola de calibre 22.

— Percebi onde queria chegar — continuou a criada —, e, por isso, disse-lhe ainda outra coisa: que *Miss* Meraulton não tinha munições, pois tratava-se apenas de uma recordação da guerra.

Fez uma pausa e depois prosseguiu:

— Nessa altura, desconhecia que *Miss* Cynthis tivesse munições para a pistola. Não sabia que existissem cá em casa até hoje de manhã, quando o Sr. Willie veio aqui e as levou.

— Ah! — exclamou Callaghan, sorrindo. — Isso é mesmo o tipo de boa ação própria de uma pessoa como o Sr. Willie!

Acendeu novo cigarro, solicitando:

— Fale-me da vinda do Sr. Willie e de como levou as balas. Haverá qualquer hipótese de o terem visto entrar?

Jenny negou com um gesto de cabeça, esclarecendo:

— O Sr. Willie veio pela entrada de serviço. Perguntou se cá estivera alguém. Falei-lhe da visita do Sr. Gringall e pareceu-me muito preocupado. Quando lhe disse que mencionara a pistola à polícia, informando-a da não existência de munições, o Sr. Willie disse: «Graças a Deus!», assim mesmo. Pediu de imediato se podia ir, por instantes, ao quarto de *Miss* Cynthis. «Claro que pode», disse eu. Ele entrou e foi logo direito à gaveta, a gaveta do fundo onde estava a pistola e revolveu as coisas que ela continha... *Miss* Cynthis guardava aí diversas caixas e bugigangas... até encontrar o que queria, uma caixa cheia de balas, uma pequena caixa quadrada.

Jenny baixou o tom de voz para acrescentar:

— O Sr. Willie meteu a caixa na algibeira e disse-me para esquecer o que levara. Aconselhou-me a não contar nada a ninguém exceto ao senhor. Disse que, se o senhor cá viesse, lhe falasse na visita do Sr. Gringall e na caixa de balas levada por ele.

Callaghan fez um aceno de aprovação.

— Você é uma boa pequena, Jenny — descansou-a. — Queria pedir-lhe um favor. Não há nada como ter a certeza das coisas. Poderei dar também uma vista de olhos na gaveta?

— Com certeza! Está visto que pode! — exclamou a rapariga. — O senhor, claro que sim!

Conduziu-o ao quarto. Callaghan esvaziou a gaveta. Estava cheia de caixas que continham bugigangas, peças de tecido, brocados, luvas antigas e mil e um objetos que as mulheres costumam guardar sem saber porquê. Callaghan era um indivíduo metódico. Retirou da gaveta as caixas, os tecidos, as luvas; virou todos os objetos do avesso, inspecionou as caixas uma por uma.

Por fim, fitou Jenny com um sorriso: ao sacudir alguns metros de crepe de china, tombara do meio do tecido um objeto que o detetive exibiu para a criada, uma bala de calibre 22.

— A cautela nunca é demais — sentenciou Callaghan. — As caixas de cartão onde acondicionam as balas deixam-nas por vezes cair devido ao peso que têm, o que acontece geralmente quando se vira uma embalagem. Dê-me uma ajuda, Jenny. Vamos examinar as outras gavetas.

Vasculharam todo o conjunto de gavetas, desde as da cómoda às do toucador.

— Diga-me uma coisa, Jenny — solicitou Callaghan, enquanto guardava a bala na algibeira. — Recorda-se de alguma vez terem estado neste quarto sozinhos, o Sr. Paul, o Sr. Percival, o Sr. Jeremy ou o Sr. Bellamy?

A criada refletiu por instantes e por fim disse:

— Recordo-me, sim. Há cerca de três meses, o Sr. Jeremy veio visitar *Miss* Cynthis, mas ela saíra e ele disse que esperaria pelo seu regresso. Eu estava ocupada na cozinha a engomar um vestido e o Sr. Jeremy meteu a cabeça pela abertura da porta e pediu licença para dar uma vista de olhos à casa, de que muito gostava, segundo as suas palavras. Respondi-lhe que sim, claro. Veio até aqui ao quarto e demorou-se algum tempo.

— Ótimo! — garantiu Callaghan, sorrindo. — Muito bem, Jenny, você portou-se como uma verdadeira amiga. *Miss* Cynthis vai ficar-lhe extremamente grata por tudo isto. Agora, lembre-se de que terá de esquecer que eu e o Sr. Willie cá estivemos.

Pegou no chapéu acrescentando:

— Não se preocupe. Tudo correrá às mil maravilhas. Entretanto, vou também ser prudente a sair pela porta de serviço. Até depois, Jenny. Voltaremos a ver-nos.

Seguiu a rapariga até às traseiras da casa e desceu no elevador de serviço de funcionamento manual. Já no exterior, deu uma rápida vista de olhos às imediações, mas não se via vivalma na rua. Puxou ligeiramente o chapéu para o olho esquerdo, sinal seguro de contentamento, e encaminhou-se para a estação de Victoria.

À chegada, entrou numa cabina telefónica. Ligou para o escritório da Meraulton Estates e pediu para falar com Willie. Deu-se a conhecer e aguardou. Por fim, Willie Meraulton apareceu na linha. Arrastava as palavras e tinha na voz um toque de fadiga.

— Sr. Meraulton — disse Callaghan com brandura. — Quero apenas felicitá-lo pelo bom trabalho feito em casa de tal pessoa, ao levar aquela caixa, quero dizer. Pensando nisso mesmo, fui até lá hoje de manhã. Pode significar algo para si ou pode não significar, mas sempre lhe digo que, há uns dois ou três meses, Jeremy esteve sozinho no quarto, segundo informou a rapariga. Compreende?

— Compreendo, Callaghan — garantiu Willie. — Obrigado pelo telefonema. Como está tudo e como estão todos?

— *Todos* vão bem — respondeu a Callaghan, sublinhando a palavra «todos». — Estive com eles ontem à noite. Ela compreende perfeitamente ser preferível não procurar contactar consigo nem com qualquer outra pessoa da família. Para que não haja deslize a tal respeito, tomei a liberdade de lhe dizer que o senhor tinha ido a Edimburgo por uns dias. Disse-lhe também que tencionava falar consigo e que lhe transmitiria depois o número telefónico que o senhor me desse, mas acho que não o farei.

Com a mão livre, Callaghan retirou um cigarro do maço, prosseguindo:

— Na realidade, Sr. Meraulton, estou otimista quanto a este caso. Tenho esperança de topar com qualquer coisa dentro das próximas quarenta e oito horas, algo que leve a esclarecer a situação. Seja como for, permanecerei em contacto consigo, telefonando-lhe de vez em quando. Se por acaso o não fizer, não se preocupe, pois talvez tenha de me ausentar por um dia.

Acendeu o cigarro e continuou:

— Só há uma coisa que me inquieta, Sr. Meraulton. Digo-lhe com franqueza: continuo preocupado com Cynthis. Dentro de pouco tempo, poderá haver contra ela forte matéria acessória e mesmo provas desse tipo.

Chupou com força o cigarro, engoliu o fumo e perguntou:

— Por que motivo não foi ela falar comigo quando o senhor a aconselhou a fazê-lo, o que teria sucedido há uns oito dias, muito antes de tudo o que se passou? Porque não o fez? Não tinha dinheiro?

— Não foi esse o motivo — esclareceu Willie. — Desconheço porque não fez o que pedi. Não pode ter sido por falta de dinheiro porque, embora soubesse perfeitamente que o senhor queria recebê-lo antes de principiar a agir, sabia também que eu lho daria. Estava ao seu dispor sempre que precisasse.

— Pateta! — comentou Callaghan.

— Pateta, diz muito bem — secundou Willie. — Insisti diariamente para que fosse falar-lhe, disse-lhe que a acompanharia se marcasse uma data definitiva, mas sugeria sempre qualquer impedimento. Sabe como são as mulheres... Acho que não estava muito desejosa de ir a tal entrevista.

— Acho que não — concordou o detetive, rindo. — Creio que não simpatizava comigo. Seja como for, foi uma sorte o senhor ter feito que me fosse falar naquela altura. Foi preferível assim a nunca ter ido. Pelo menos, sempre se fez qualquer coisa.

— Fez-se o possível — afirmou Willie. — Mas se tivesse ido quando a aconselhei a ir, nada disto se teria passado. E só foi porque insisti muito.

Callaghan expeliu o fumo e assim encheu de nevoeiro a cabina telefónica.

— Não importa. Mais vale tarde que nunca — sentenciou, assumindo um tom de voz mais amigável. — Lastimo muito, Sr. Meraulton, mas nada de desânimos! De uma maneira ou de outra, havemos de suplantar as dificuldades e, daqui a tempos, todo este assunto não passará de recordação. Até depois, Sr. Meraulton.

Callaghan desligou e deitou fora a ponta do cigarro. Entrou no restaurante Stewart's e escolheu uma dose dupla de costeletas de carneiro bem passadas com molho de hortelã.

«A vida podia ser bem pior», disse para si mesmo.

Às duas e trinta, Callaghan saiu do restaurante e dirigiu-se à estação. Entrou na cabina telefónica e ligou para Scotland Yard. Disse o nome e pediu para falar com o inspetor-detetive Gringall.

— Olá, Slim — saudou o polícia com jovialidade. — Belo trabalho que você fez com Beldoces a noite passada! Desconhecia que fosse tão duro a bater.

— Oh, não foi nada! — replicou Callaghan, sorrindo. — Procurei obter umas quantas informações num caso de chantagem e o parvalhão do gorducho armou-se em esperto. Tive de lhe dar.

Gringall emitiu um grunhido de desconfiança.

— Telefonei-lhe porque é provável ter de ausentar-me por um dia — informou Callaghan. — E não quero que pense que fugi, que procuro evitá-lo ou coisa parecida.

Gringall deu uma gargalhada.

— Sou incapaz de pensar semelhante coisa de si, Slim — afirmou em tom sarcástico. — De maneira nenhuma! A propósito, Bellamy Meraulton tem-nos contado a seu respeito toda a espécie de histórias da carochinha.

— De verdade?! — exclamou Callaghan com desenvoltura. — Tais como...?

— Que você lhe extorquiu duzentas libras; chamou-lhe chantagem descarada. E também que você lhe disse que Cynthis Meraulton tinha matado o velhote e outras coisas do género.

Callaghan riu, comentando:

— Bellamy é um refinado mentiroso. Mas os drogados são sempre assim. Não é verdade, Gringall?

— Talvez sejam — replicou o polícia.

Depois, mudando de tom, disse:

— Estou a tentar seguir a pista do chapéu que encontrámos em casa de Bellamy. Você sabia que eu procuraria esse tal chapéu, não é assim? Ora bem, tenho as minhas dúvidas quanto a August Meraulton alguma vez ter adquirido ou usado o chapéu descoberto na posse de Bellamy. Os meus homens estão a verificar quem o vendeu; sabê-lo-ei amanhã ou depois. Infelizmente, trata-se de um tipo de artigo bastante vulgar, sem marca de fabricante na tira interior.

Gringall fez uma pausa para tossir e prosseguiu:

— Se, por acaso, descobrirmos que outra pessoa o comprou no propósito de introduzi-lo em casa de Bellamy, se descobrirmos isso, gostaria de ter uma conversa consigo, Slim. Parto do princípio de que você esteja de volta dentro de dois dias, digamos — rematou Gringall endurecendo a voz.

— Claro que estou — garantiu Callaghan. — Muito embora desconheça o que esse chapéu e a sua proveniência tenham que ver comigo. No entanto, digo-lhe o que posso fazer: dentro de dois dias irei aí falar-lhe. Calculo precisar de o fazer nessa altura.

— Muito bem — disse Gringall. — O pior é que não sei se desejarei ouvi-lo.

— Prometo-lhe uma coisa, Gringall: quando quiser falar consigo você vai escutar-me. E gostará de me ouvir! — asseverou Callaghan, desligando.

Ao sair da estação, apanhou um táxi e ordenou ao motorista que o levasse ao escritório de Chancery Lane. Encontrou Fred Mazin no gabinete exterior, meio adormecido sobre um impresso das corridas.

Entrou no seu próprio gabinete, desembaraçou-se do chapéu e colocou os pés sobre a secretária, rezando para que Revenholt telefonasse. Pensou nas medidas a tomar se o não fizesse. Ponderou o assunto, depois pôs os pés para baixo e abriu a gaveta da secretária, retirando uma pistola *Luger* bem conservada. O carregador estava completo. Inspecionou a arma e meteu-a no bolso traseiro das calças. Depois de pensar melhor, porém, voltou a pegar nela e a observá-la.

«Estou sempre a dar neste ou naquele», murmurou para si mesmo, «mas talvez um belo dia seja eu a levar». Colocou novamente a pistola dentro da gaveta e fechou-a à chave. «E se tiveres de levar, levas mesmo», concluiu. Voltou a descansar as pernas sobre o tampo da secretária e, nesse momento, o telefone tocou.

Capítulo 9
A amiga de Jeremy

Em resposta ao «está»?, Callaghan ouviu a voz de Revenholt falando em tom casual:

—Você tem muitíssima sorte, Callaghan, e eu também. Se precisa mesmo muito de apanhar a Ferrival, pode tê-la hoje à noite.

— Quando e onde? — inquiriu o investigador.

— Já lhe digo — prosseguiu Revenholt. — Ao deixá-lo esta manhã, pensei calmamente e lembrei-me de um certo indivíduo que trabalha com uns amigos meus e que uma vez meteu um parente no Show Down, parente esse com um fraco por cartas de jogar e por perder a massa da família no pano verde. O Show Down fica a cerca de sete milhas, no outro lado de High Wycombe.

»Falei com o meu amigo mordomo e ele entrou logo ali em contacto com o amigo dele que é uma espécie de *maitre d'hôtel* não oficial no Show Down e obtive assim algumas informações, confidenciais, sobre a bela Mayola.

»Aparentemente, a dama tem resposta para tudo; é dura de roer. Atua como anfitriã no Show Down e, ocasionalmente, leva até lá visitantes de algibeiras bem recheadas. De vez em quando, para variar, entrega-se também a chantagem de alto coturno. O método empregado é o de descobrir um velhote ainda vivaço e desviá-lo do bom caminho. Segundo parece, tem jeito especial para lidar com cavalheiros idosos. E certifica-se sempre de que alguém se inteire do caso em todos os pormenores, alguém que, quando o cavalheiro de idade principia a cansar-se da coisa, fala a este último da conveniência de entrar com umas centenas de libras ou, em alternativa, contar à respetiva esposa umas quantas histórias divertidas sobre o que o marido tem andado a fazer. O velhote paga quase sempre; os chantagistas nunca exigem quantias muito elevadas e é preferível pagá-las.

»É esta a atividade secundária de Mayola. Não há dúvidas quanto a exercê-la em parceria com Jeremy. Segundo parece, gosta muito dele, isto é, tanto quanto uma mulher desse género pode gostar de alguém. Tem ainda bastante jeito para interpretar canções picantes. Atua de vez em quando no Show Down, para animar as artes e, esporadicamente, também o faz em uma ou outra espelunca noturna londrina. Hoje tem uma atuação; mas já iremos a esse assunto.

»Jeremy é um tipo duro. De acordo com o que se diz, foi expulso do exército (por os seus serviços deixarem de ser úteis a Sua Majestade) devido a um sistema demasiado pessoal de baralhar cartas no jogo do póquer. Depois, arranjou trabalho em Buenos Aires, como secretário de um clube desportivo assaz misterioso, onde era habitual o uso de estimulantes ilícitos. Por duas ocasiões, esteve na iminência de ser preso e só se safou de sarilhos bastante graves devido à sua rápida apreensão dos problemas. Na aparência, Jeremy não aprecia grandemente os irmãos, mas respeita Willie. Não nutre ilusões quanto à sua própria pessoa. Sabe que não presta e a ideia agrada-lhe. Segundo creio, considera Paul, Bellamy e Percival tão maus como ele, mas ignorantes do facto, desprezando-os por tal motivo. Vê Willie como único elemento masculino da família provido de miolos suficientes para ser honesto e tem inveja dele por possuir tal virtude. Mas não se esqueça do que atrás lhe disse acerca dele: é um tipo duro. Parece que nada o detém quando se propõe fazer determinada coisa.

Callaghan emitiu um grunhido e comentou:

— Ótimo! E onde posso encontrar Mayola?

— Estará na cidade hoje à noite — informou Revenholt. — Há espetáculo no Noughts and Crosses Club, mesmo à saída de Cork Street, e ela vai cantar. Atuará cerca da meia-noite e, quando terminar, conduz ela própria o carro até ao Show Down. Por vezes, leva consigo um ou dois jogadores simplórios, outras vezes não.

Revenholt sorriu, perguntando com certa hesitação:

— E agora poderei receber as oitentas libras?

— Sim — afirmou Callaghan. — Vou telefonar a Darkie para que lhas envie para a sua morada por estafeta expresso. Recebê-las-á à noite.

— Obrigado — agradeceu Revenholt. — Dão-me jeito. Há mais alguma coisa que possa fazer? Sou esperto como um rato quando se trata de ganhar uns tostões com honestidade.

Callaghan pensou durante instantes e depois disse:

— Acho que não, Revenholt. Seja como for, obrigado. Creio que já não precisarei de si.

— Está bem. Então só me resta receber as oitenta libras, atravessar o Canal e ir ver em que poderei ser útil em Monte Carlo. Talvez consiga ganhar umas mil!

— Talvez — disse Callaghan. — Ou mil libras ou alguns sopapos.

Desligou e, por momentos, permaneceu a olhar o telefone. Depois levantou-se e passou ao gabinete exterior.

— Vai até à loja ao virar da esquina, Fred — ordenou. — Compra qualquer coisa, cigarros, por exemplo, apanha umas duas folhas desse papel ordinário que serve para embrulhar os artigos e traz-mas.

Fred fez um aceno de cabeça afirmativo. Callaghan regressou ao seu gabinete e ligou para Darkie, mandando-o remeter as oitentas libras a Revenholt.

Cinco minutos depois, Fred estava de volta com o papel; era do tipo vulgar usado na embalagem de géneros alimentícios: papel branco e grosseiro.

Callaghan dobrou uma das folhas e cortou-a em quatro pedaços do tamanho de uma folha de papel de escrita comum. Colocou sobre ela um químico e duas folhas de papel de máquina vulgar por cima do conjunto. Meteu-o na máquina de maneira que o papel de embrulho ficasse por baixo de todas as outras folhas e principiou a escrever:

Algures em Londres

Caro Sr. Calligan,

Ovi dizer que está ao servisso de Belamy Meraulton. Se de facto está talvez lhe interece saber coisas sobre o homem que a Yard procura. Quero diser sobre o homem que foi visto perto da morgue na noite do crime. Para o caso de ainda não ter adivinhado quem ele é direi-lhe que é o homem que robou o testamento da caixa do relójio do Meraulton. Sabe tão bem como eu que todos os Meraulton sabem que ese testamento os faz ficar sem o dinheiro mas se esse testamento desaparece eles recebem o cacau que o testamento anterior lhes deichou. Sou eu quem tem ese testamento e se estiver disposto a contribuir com 500 libras entrego--lho e eles podem queimá-lo ou fazerem com ele o que diabo bem entenderem. Se este testamento for encontrado não veem nem um chavo. Se arranjar as tais 500 pode saber onde estou a mostrar esta carta a Willie the Lug na casa de Tom Peppers e ele dirá-lhe onde me encontro. E nem sequer lhe pesso para calar o bico porque sei talvez tudo o que preciso a seu respeito.

Obrigadinho, Slimy

Sammy the Sheik

P.S. Se não receber esas 500 dentro de 3 dias mando o testamento a Gazeling, o solissitador de modo que é melhor que os rapazes larguem a maça depreça.

Callaghan releu com cuidado a missiva, dobrou a folha duas ou três vezes e procurou no cesto dos papéis um sobrescrito endereçado a ele próprio que chegara nessa manhã com uma fatura. O sobrescrito, à semelhança dos seus congéneres, era barato e não tinha selo.

Meteu-lhe dentro o bilhete acabado de escrever, colou-lhe a aba solta e depois cortou-o ao longo do vinco superior, de acordo com a maneira usual de abrir correspondência.

Ficou a admirar o trabalho, que tinha toda a aparência de uma carta genuína, aparência completada pelo sobrescrito dirigido a si próprio.

Às onze e trinta, Callaghan encontrava-se instalado a uma das pequenas mesas dispostas na extremidade do recinto de dança do Noughts and Crosses Club, a acender um novo cigarro. Diante dele, jaziam os restos mortais de uma excelente ceia.

Na pista de dança, evoluindo ao compasso da música suave executada por um conjunto de seis elementos, desfilavam todas aquelas pessoas fatigadas e distraídas que costumavam frequentar o clube e que, uma vez lá chegadas, dir-se-iam passar quase todo o tempo de permanência no local a perguntar-se a si próprias por que motivo ali se encontravam, olhando em redor com olhos vazios na esperança de que algo acontecesse e lhes proporcionasse momentos de fuga ao tédio no meio do qual pareciam ter nascido e sempre vivido.

Callaghan fez mecanicamente os gestos de apagar o cigarro e acender outro, de ingerir o *whisky* com soda que tinha sobre a mesa e de mandar vir uma nova bebida.

A mente concentrara-se-lhe nas ramificações do caso do homicídio de August Meraulton, na sua própria posição nesse caso, em Gringall e nas ideias que, lenta e seguramente, se lhe iriam formando no cérebro, em Cynthis Meraulton e nos problemas que surgiriam nessa direção dentro das próximas vinte e quatro horas, em Mayola Ferrival e em Jeremy Meraulton.

Percival não tinha interesse; não passava de um pau-mandado, de uma sombra de Bellamy, de um indivíduo de um servilismo total e absoluto às ordens do irmão, sempre junto dele na esperança de obter bebidas de graça, sem miolos nem espinha dorsal suficientes para ser perigoso para alguém, salvo para si próprio.

O conjunto deixou de tocar e a pista de dança ficou deserta. Das mesas à volta de Callaghan elevava-se o sussurro macio das conversas representativas da mentalidade dos conversadores, audíveis na maioria dos clubes de dança especializados numa clientela abastada que crê que o divertimento só é possível a horas tardias:

«... Disse-lhe "não sejas parvo." Mas, como sabes, Vicky, quando se lhe mete na cabeça andar atrás de uma rapariga, anda mesmo e talvez não queira...» Depois uma voz feminina: «... Tem de casar com ela. Não quero saber o que diz ou faz, tem de casar. Se o não fizer, haverá problemas...» Outro homem: «... Claro que o cheque foi recambiado. Os cheques do Scriven são sempre feitos de borracha, saltam de um lado para outro e quem for suficientemente idiota para conceder-lhe crédito está mesmo a pedi-las...»

Enquanto escutava vagamente as conversas, Callaghan pensava se porventura o Noughts and Crosses lhe não proporcionaria, a ele e ao seu negócio, um excelente território de caça. Havia ali muitos «casos» à espera dele, com certeza. Os sócios do clube eram o tipo de pessoas com dinheiro que se metiam em sarilhos.

De súbito, aparentemente sem motivo, Callaghan deu por si a pensar que o aborreciam as pessoas muito ricas que se metiam em sarilhos. Seria por estar mal-humorado? Não era hábito sentir-se assim. Não se apercebera de que o caso Meraulton, a sua própria ligação ao assunto e tudo o que com ele se relacionava contribuíam, lenta, mas seguramente, para lhe formar no cérebro uma imagem mais nítida da sua própria posição face ao mundo em geral; uma imagem do que o mundo pensaria dele.

Sorriu, apagou o quinto cigarro consumido na última meia hora e mandou vir outra bebida. A orquestra irrompeu num acorde quando o maestro avançou até ao extremo da plataforma onde se instalava o conjunto instrumental, um maestro de bigodinho e cintura estreita, a assemelhar-se o mais possível ao galã cinematográfico em voga.

— Senhoras e senhores, tenho a honra de lhes apresentar a grande vedeta de Paris, Buenos Aires e Nova Iorque! — anunciou ele. — Uma artista que interpreta como ninguém números escaldantes. Senhoras e senhores... Mayola Ferrival, o Rouxinol Argentino!

O conjunto estrondeou, subindo de tom. Abriram-se os cortinados existentes do lado direito da plataforma dos executantes, as luzes apagaram-se e um projetor azul incidiu sobre a figura de Mayola, acompanhando-a até ao centro da pista de dança.

Callaghan lançou-lhe um olhar apreciativo. «Tem tudo no sítio», pensou. Era alta e não demasiado magra. Possuía curvas mais do que atraentes e todos os seus movimentos tresandavam a sexo. E como se sabia movimentar! O corpo, de bela postura, deslocava-se com ritmo e suavidade ao compasso da música. O conjunto, acompanhando os gestos exagerados do maestro, avivou aos poucos o andamento do que antes parecera um *blues*, mas que principiava a transformar-se em música de ritmo vivo.

Mayola encetou a canção. Tinha voz aveludada e vibrante, cheia de promessas de grandes reservas de energia. Interpretou uma canção, escrita com bastante inteligência, cujas palavras e frases continham duplo significado. A expressão inocente do rosto acentuava ainda mais a sugestiva vulgaridade da canção, cuidadosamente sublinhada. Mayola era boa nessa arte. Oh, se era!

Envergava um vestido preto, aberto de lado até meio da coxa, a evidenciar-lhe os tornozelos e as pernas perfeitas. O corpo dela, cada vez mais sinuoso ao ritmo acelerado da música, fazia surgir maior brilho no olhar dos homens fatigados e uma expressão divertida e invejosa na face das mulheres que os acompanhavam.

Ao observar o rosto de Mayola, Callaghan notou-lhe os traços nitidamente desenhados, os lábios abertos a cinzel e as orelhas bem implantadas, um conjunto que exprimia dinamismo e vigor. Os olhos negros e cintilantes tinham um certo brilho de aço, captado e refletido pelo holofote à medida que ela se voltava para um e outro lado. O queixo redondo na face oval definia-lhe a linha nítida do maxilar.

«Mayola é, de facto, dura de roer», pensou Callaghan. Lembrou-se da moderna versão de uma ária antiga: «Define-se o homem pelos seus amigos... e pelas suas amigas.»

O detetive lançou a vista em redor. Perto dele, encontrava-se um criado que lhe captou o olhar. Fez-lhe sinal e pediu que lhe trouxesse uma folha de papel e um sobrescrito. Quando o criado satisfez o seu pedido, Callaghan tirou do bolso a caneta de tinta permanente e redigiu um curto bilhete:

Cara Miss Ferrival,

É muito importante e de grande importância que fale consigo. Possuo certas informações que talvez interessem bastante ao Sr. Jeremy Meraulton. Quererá conceder-me dez minutos em particular?

Slim Callaghan

Quando as luzes se acenderam, Callaghan entregou o bilhete ao criado.

Pelo espelho do camarim, Mayola observou Callaghan enquanto ele se sentava a um canto do compartimento. O detetive sabia que era examinado e avaliado. Por isso, compôs a expressão do rosto de acordo com as circunstâncias, não cessou de agitar o chapéu e lançou-lhe uma olhadela rápida e admirativa aos quadris quando ela se inclinou um pouco para diante e rodou sobre o banco, virando-se para ele a sorrir.

— Ora bem, Sr. Callaghan, de que se trata? — inquiriu com desenvoltura, continuando a sorrir. — O que é assim tão importante para Jeremy Meraulton?

A voz de Mayola era tão harmoniosa como o restante. Falava inglês quase corretamente, apenas com um ligeiro vestígio de sotaque que lhe dava maior encanto.

Callaghan colocou o chapéu no chão junto de si e entrelaçou os dedos, principiando:

— Vejo-me em certos apuros, *Miss* Ferrival. Não sei se fiz bem ou mal em vir consigo, mas achei preferível fazê-lo do que dirigir-me ao Sr. Jeremy e ser expulso do Show Down, apesar do meu incómodo.

Mayola riu, comentando:

— Assim, achou preferível arriscar-se a ser expulso daqui, do Noughts and Crosses!

Callaghan riu também.

— É uma maneira de ver as coisas — replicou. — Mas a verdade é que não pensei apenas nisso. Ouvi dizer que a senhora é amiga do

Sr. Jeremy e uma coisa é certa: por vezes, e em especial num trabalho como este, a mulher mostra-se muitíssimo mais inteligente do que o homem.

Mayola acenou afirmativamente, pegou na longa cigarreira de ouro que se encontrava sobre o toucador e tirou dela um cigarro e ofereceu outro ao visitante. Callaghan aceitou e acendeu ambos:

— Vou ser franco consigo, *Miss* Ferrival — garantiu Callaghan. — Sou detetive privado e a minha firma é a Callaghan Investigations. Temo-nos ocupado do caso Meraulton, em primeiro lugar para *Miss* Cynthis Meraulton...

Callaghan observava a artista e viu-a pestanejar. Prosseguiu:

— ... e, em segundo lugar, para o Sr. Bellamy. Não houve possibilidade de uma atuação suficientemente rápida para impedir que esse senhor fosse detido por posse de drogas, mas, aqui para nós, acho que não ficará preso durante muito tempo, pois tal acusação não passa de pretexto. A polícia suspeita dele como autor do homicídio e, amanhã ou depois, chegará à conclusão de se ter enganado. Em seguida, o Sr. Bellamy sairá sob caução no caso dos estupefacientes.

Mayola teve um aceno afirmativo. Aspirou profundamente o fumo do cigarro e expeliu-o através dos lábios vermelhos e contraídos num trejeito gracioso.

— Não estou particularmente interessada em Bellamy — garantiu. — Nada me diz, seja o que for que lhe suceda. Mas explique-me uma coisa: se não suspeitam dele, de quem suspeitam então?

— Se não foi ele, só pode ter sido ela — afirmou Callaghan com um sorriso. — Quero dizer, Cynthis. A polícia sabe que ambos estiveram em Lincoln's Inn Fields, cerca das onze da noite. Desconheço a que horas foi cometido o crime, mas é mais do que certo ter-se verificado entre as dez e trinta e as dez e quarenta e cinco. Deste modo, a polícia pensa que foi Cynthis. Provavelmente, terão ainda outras razões para pensar assim.

Callaghan terminou o cigarro e acendeu outro, prosseguindo:

— Cynthis Meraulton foi falar comigo na noite do crime. Eu próprio suspeitei dela desde o início e acho que matou August Meraulton.

Mas os detetives privados não são pagos para pensarem demais, *Miss* Ferrival. Bem, suponho que tenha lido as notícias e que tenha notado, o que também o Sr. Jeremy fez, por certo, que a polícia procura descobrir um homem visto nas proximidades da casa mortuária de Ensell Street na noite do crime, após terem removido o cadáver de August Meraulton para esse local.

»Pus-me a pensar que diabo faria alguém a rondar a morgue e descobri que, devido a um lapso qualquer, o corpo ficou sozinho por algum tempo. Não há qualquer dúvida de que o tipo que a polícia procura roubou qualquer coisa ao morto. Deste modo, a polícia crê que o referido homem tenha algo que ver com o crime, de uma ou de outra maneira, e que talvez tenha sido pago pelo assassino para fazer esse trabalho. Pensei isso mesmo e estava certo, com mil diabos!

Callaghan meteu a mão no bolso superior do casaco e dele retirou a carta escrita por si próprio horas antes.

— Leia isto, *Miss* Ferrival — convidou Callaghan, entregando-lha. — Como verá, assina a carta um indivíduo que se intitula Sammy the Sheik. Ora, não sei quem seja esse Sammy the Sheik, mas ele conhece-me, segundo se depreende, e dir-se-á que se eu conhecesse o seu verdadeiro nome também saberia quem ele era. Leia a carta para se inteirar do assunto.

Mayola leu-a com rapidez e leu-a novamente devagar. Depois, devolveu-a a Callaghan e virou-se para o espelho, principiando a alisar a cadeira com os dedos longos e brancos.

— Quinhentas libras é uma quantia muito avultada, Sr. Callaghan — comentou em voz calma.

— Tem razão — concordou ele. — Mas não é assim tão grande quando se pensa que, se esse tal Sammy the Sheik fizer o que diz e enviar o testamento a que lançou mão aos procuradores, o testamento de que August Meraulton falou aos sobrinhos e que os priva da herança, ninguém receberá um chavo. Acho que quinhentas libras para obter o testamento e destruí-lo é dinheiro muito bem gasto. Pelo menos, eu acharia isso se fosse Jeremy Meraulton.

Mayola fez para o espelho um aceno de concordância, dizendo:

— Estou inclinada a concordar consigo, Sr. Callaghan. E quanto ao seu papel no caso? Fá-lo apenas por amor ou também quer algum dinheiro? Isto é, se Jeremy estiver interessado na proposta.

— Bem, *Miss* Ferrival — disse o detetive, pigarreando. — Encaro o assunto deste modo: seja como for, terei problemas com a polícia quanto a isto. Compreende, empenhei-me demasiado nos interesses de *Miss* Meraulton para me tornar popular no meio policial e o que tenho a fazer é safar-me da encrenca ao mesmo tempo que levo comigo uma bonita importância em dinheiro. Possuo uns quantos centos de libras e, se o Sr. Jeremy estiver interessado no que esse Sammy the Sheik propôs, poderemos entrar num acordo. Supondo que o Sr. Jeremy me entregue umas duzentas e cinquenta libras, acho que conseguirei do indivíduo o documento por esse preço. Pode muito bem pedir quinhentas libras, mas, provavelmente, espera que regateiem o preço e, quando lhe acenar com as duzentas e cinquenta, há de querer apanhar a massa enquanto as coisas lhe correm de feição e entregará o testamento.

Callaghan levantou-se para apagar o cigarro no cinzeiro poisado sobre o toucador. Fitou a imagem da mulher refletida no espelho. Ela levantou a vista nesse preciso instante e os olhos de ambos encontraram-se. Os de Mayola sorriam.

— Pensei que — prosseguiu o investigador, de regresso ao assunto —, se conseguisse arrancar-lhe o documento por duzentas e cinquenta libras e trazê-lo ao Sr. Jeremy de modo a garantir-lhe o recebimento da parte que lhe cabe da herança Meraulton estabelecida de acordo com o primeiro testamento, pensei que, dizia eu, talvez ele estivesse disposto a dar-me as restantes duzentas e cinquenta libras, a fim de ir de férias por uns dias antes que a Yard principie a fazer-me perguntas sobre Cynthis Meraulton.

Interrompeu-se e inclinou-se para apanhar o chapéu. Mayola rodou no banco, fitou-o e disse:

— Conheci Jeremy Meraulton em Buenos Aires. Ele tratava de um pequeno negócio em conjunto com um cavalheiro espanhol, um cavalheiro bastante obeso que pensava que Jeremy era estúpido.

Procurou... como hei de dizer... traí-lo. É essa a palavra. Tentou trair Jeremy.

Mayola pegou noutro cigarro e concluiu com calma, fitando o detetive:

— Jeremy matou-o.

Callaghan pareceu ficar chocado.

— Bem feito! — sentenciou. — Odeio traidores. Não têm utilidade para ninguém nem mesmo para eles próprios.

— Muito bem, Sr. Callaghan — disse a mulher, sorrindo. — Acho que o senhor, a sua carta e o seu amigo desconhecido Sammy the Sheik, um nome encantador, me interessam bastante. E é possível que também interessem a Jeremy. Dentro de um quarto de hora terei de interpretar outro número, depois do que irei para o Show Down. Temos serão esta noite; apenas uns joguinhos de cartas acompanhados de música.

Levantou-se e espreguiçou-se em movimentos sinuosos.

— Talvez queira acompanhar-me, Sr. Callaghan — convidou. — Possivelmente, o senhor e Jeremy gostarão de se encontrar para discutirem o assunto. Quer ir comigo?

Callaghan pôs-se em pé e concordou, sorrindo:

— Ótimo, *Miss* Ferrival! Estou muito contente por ter vindo procurá-la. Não tinha a certeza se deveria fazê-lo, mas vejo que não me enganei.

— Há um provérbio que diz o seguinte: «Está perdido aquele que hesita.» — sentenciou Mayola com graciosidade. — Eu nunca hesito. O mesmo acontece com Jeremy.

Depois, estendeu a mão a despedir-se:

— *Adiós, señor* Callaghan. Esteja de novo aqui à uma hora, por favor. Iremos juntos. É um passeio delicioso. À noite, as estradas através dos campos são muito sossegadas e agradáveis.

Callaghan pegou-lhe na mão. Por momentos, considerou que a pressão exercida sobre os seus dedos fosse excessivamente prolongada.

— Cá estarei à uma, *Miss* Ferrival — garantiu Callaghan. — Até lá, *adiós señora.*

Callaghan entrou na cabina telefónica existente no topo de Cork Street. Olhou o relógio enquanto esperava que Darkie atendesse a chamada; faltavam vinte minutos para a uma. Por fim, ouviu Darkie a bocejar no outro extremo da linha.

— Olá, Darkie. Tenho uma incumbência para ti. Trata-se de Paul Meraulton. Este irmão tem escritório no número vinte e dois de Greeneagle Street, perto de Russel Square, no terceiro andar. Amanhã vai até lá dar uma vista de olhos. Descobre tudo a respeito desse escritório: se o prédio tem porteiro, como é a fechadura da porta da rua, se há entrada pelas traseiras, etc. Talvez eu lá vá também inspecioná-lo amanhã à noite. Percebeste? Muito bem. Quando tiveres feito isso, sabe-me onde vive Paul Meraulton, a morada particular. Ligo para ti amanhã, lá pela tardinha ou à noite. Deixa-te ficar em casa durante toda a tarde e noite de amanhã. Não saias. Está bem?

— Está bem — concordou Darkie. — Como vais indo? Bem?

— Vou bem — garantiu Callaghan. — Acho que dentro de uns dois dias estarei mesmo muito bem... Isto é, se não estiver preso ou morto. Não sei ao certo qual das três hipóteses irá acontecer. Até breve, Darkie.

Desligou. Saiu da cabina, fez parar um táxi que passava e mandou seguir para Vere Street, onde a estação de correios estava aberta durante toda a noite. Redigiu um telegrama para Cynthis Meraulton e enviou-o. Teria de mantê-la tranquila por algum tempo. O telegrama dizia o seguinte:

Ao ocupante do apartamento 14A de Delvine Court, Apartamentos South Kensington:

Tudo bem e em ordem. Trato que possa ver Willie amanhã. Caso praticamente solucionado.

S. Callaghan

Depois de concluída essa diligência, Callaghan regressou ao táxi que ficara a esperá-lo e ordenou ao motorista que o conduzisse ao Noughts and Crosses Club. Interrompeu o trajeto para comprar uma sanduíche de presunto num estabelecimento aberto toda a noite. Depois prosseguiu viagem no mesmo táxi, saboreando a sanduíche lentamente, de modo a não ter indigestão.

Capítulo 10
O Show Down

Mayola rodou o volante e o Bentley descreveu uma curva apertada, seguindo pelo caminho semioculto pelas árvores. Callaghan, instalado no assento ao lado da condutora, sentiu uma ponta de admiração pela maneira como guiava o potente automóvel. Mayola era certamente perita em lidar com carros, com situações e... com homens.

O caminho subia uma encosta mergulhada em trevas, mas Mayola conduzia depressa e sem hesitações, guinando aqui e acolá para descrever as curvas do trilho estreito ou para se desviar de obstáculos que até mesmo o olhar penetrante do detetive não conseguia distinguir.

Parou no espaço aberto circundado de árvores junto à parede lateral de um edifício e olhou de esguelha o passageiro. À luz difusa da lâmpada do painel dos instrumentos, este viu-a sorrir.

— Chegámos, Sr. Callaghan — anunciou. — É aqui o Show Down e espero que goste.

Apagou as luzes e saiu da viatura. Callaghan imitou-a e esticou os músculos. Na sua frente, escura e fantasmagórica, a casa antiga e de traça irregular recortava-se difusamente contra o céu noturno.

Lado a lado, os dois encaminharam-se para uma porta lateral, os pés a fazer ranger o saibro do pavimento.

Enquanto metia a mão no bolso à procura de um cigarro, Callaghan perguntava a si próprio a que distância estaria do último ato do drama Meraulton, se desempenharia algum papel nesse final e se Jeremy se encaixaria no esquema dos acontecimentos ou se daria origem a qualquer outra coisa, a algo que exigisse maior planeamento, à criação de novos esquemas.

Mayola tirou uma chave de algibeira do casaco de peles, abriu a porta e entrou em casa. Callaghan seguiu-a. Ela fechou a porta e acendeu a luz.

Adentravam num espaçoso vestíbulo quadrado, bem mobilado e atraente. De algures no interior da casa, chegava até ali o som abafado de música distante. Do corredor existente à esquerda do átrio, vinha o ruído de copos tilintando. De súbito, em simultâneo com o som de uma porta a abrir-se, ouviu-se uma voz feminina, depois a de um homem, gargalhadas, a porta a fechar-se e logo de novo o silêncio.

— Que beleza de lugar! — exclamou Callaghan, sorrindo. — E que rica mina de ouro se fosse gerida convenientemente!

Mayola devolveu-lhe o sorriso, afirmando:

— É gerida convenientemente. Nós gerimo-la convenientemente... ou inconvenientemente.

Soltou uma gargalhada e Callaghan riu também.

— Não me importava de administrar uma casa como esta em conjunto com uma mulher como você — arriscou o detetive. — Seria interessante. Interessante e proveitoso. E talvez também divertido.

— Acha que sim? — perguntou ela, ao tocar a campainha existente na parede e desembaraçando-se do casaco. — Parece muito seguro de si, Sr. Callaghan. Tem como certo que me agradaria entrar em sociedade consigo.

Parou repentinamente e voltou-se para o visitante. Este distinguiu-lhe no olhar um lampejo de maldade.

— Tem a certeza de que deseja prosseguir com isto? — inquiriu a mulher. — Tem a certeza de querer falar com Jeremy? De que não faz algo de que depois se arrependerá?

— Se fosse arrepender-me das coisas que fiz pela vida fora — replicou Callaghan, sorrindo —, continuaria a penitenciar-me até ao fim dos meus dias.

Mayola deu uma gargalhada.

— Muito bem — disse. — Dei-lhe uma oportunidade. Detestava pensar que o induzi a fazer fosse o que fosse.

Callaghan encolheu os ombros. Nesse instante, um homem surgiu pela porta de serviço à direita do vestíbulo e ficou à espera de ordens.

— Vou para a galeria, George — informou Mayola. — Diz ao Sr. Jeremy que lá estou e que o Sr. Callaghan está comigo.

O detetive compreendeu que ela telefonara antes a Jeremy e que este o esperava. Mayola Ferrival nada deixava ao acaso.

Despiu o sobretudo, tirou o chapéu e pendurou-os no bengaleiro colocado no canto do vestíbulo. Depois, seguiu Mayola pelo corredor da direita, que atravessava a casa obliquamente.

Jeremy surgiu por detrás do cortinado de veludo vermelho que ocultava a porta existente ao lado das estantes.

Era um homem alto, direito, de ombros largos e quadrados. Tinha cabelos negros e bigode frisado com esmero. Os olhos eram amplos, muito azuis e bastante hostis.

O traje de noite, de corte perfeito, adaptava-se-lhe à silhueta como se tivesse sido derramado sobre ela. A camisa era de uma brancura imaculada. Os braços compridos pendiam-lhe com desenvoltura junto ao corpo, terminados por mãos grandes, de dedos espatulados e unhas direitas. Parecia forte, inteligente e dominador.

Ao lançar-lhe uma olhadela rápida, Callaghan concluiu tratar-se de um indivíduo perigoso que não admitiria tolices e para quem matar não constituía problema, isto é, se pudesse fazê-lo sem se prejudicar e, muito provavelmente, mesmo que isso acontecesse. Um homem que não se deteria perante coisa alguma. O tipo de pessoa que emparceiraria com uma mulher como Mayola.

«Veremos como correm as coisas!», comentou Callaghan de si para si.

O detetive instalou-se num cadeirão colocado a um dos lados da lareira e Mayola Ferrival foi ocupar outro. Jeremy fixou o recém-chegado por instantes e depois dirigiu-se ao aparador, abriu-o e tirou dele um tabuleiro que continha uma garrafa lapidada, um sifão e alguns copos. Serviu três bebidas fortes, depôs o tabuleiro em cima da mesa do centro da sala e entregou um dos copos à mulher e outro ao investigador. Em seguida, foi postar-se diante do lume, de costas para a lareira, a observar Callaghan.

Quando ergueu a vista, este sorriu-lhe um sorriso um tanto singular. Mayola olhava por cima dos óculos e, saboreando a bebida, pensava: «que par de fulanos, santo Deus! Um deles é todo músculos, peso e astúcia; o outro energia, nervos e, provavelmente, inteligência disfarçada sob aquele sorriso. Qual deles ganhará? Será um espetáculo digno de ser visto, seja como for. Acho que a balança pende um pouco para o lado de Jeremy. Callaghan está demasiado comprometido para poder lutar com êxito.»

— Muito bem, Sr. Callaghan — principiou Jeremy em voz calma. — *Miss* Ferrival telefonou-me e transmitiu-me a essência da conversa que teve consigo no Noughts and Crosses Club, conversa muito interessante, aliás. Disse-lhe que gostaria de trocar consigo algumas palavras, aqui, onde não seríamos incomodados.

Callaghan fez um sinal de concordância e procurou nos bolsos o maço de cigarros. Acendeu um e aspirou o fumo profundamente.

— Não vejo que haja muito a dizer a este respeito, Meraulton — contrapôs o detetive. — Se *Miss* Ferrival o esclareceu sobre a nossa conversa no Noughts and Crosses Club, então parece-me que a única coisa a decidir será se quer ou não entregar-me o dinheiro, se quer que tente apanhar o testamento do seu tio ou se quer que não ligue importância a esse Sammy the Sheik, seja ele quem for, deixando-o enviar o documento aos procuradores.

Jeremy principiou a sorrir e o sorriso dava-lhe ao rosto uma certa expressão de crueldade. Mayola, que saboreava o momento, lançava olhares dardejantes de um para outro; divertia-se imenso.

— Seria como diz se esse tal Sammy the Sheik fosse o princípio e o fim do assunto — comentou Jeremy. — Mas quinhentas libras é uma quantia demasiado elevada para depositar assim nas mãos de um homem como o senhor, que é, desculpe que lhe diga, uma pessoa de reputação duvidosa.

— Muito bem — replicou o visado. — Então, nada temos a dizer.

Lançou uma torrente de fumo pelas narinas e prosseguiu em tom de frieza:

— Outra coisa: quem diabo é você para falar de reputação? Para quem foi corrido do exército como batoteiro em jogos de cartas, é muito descaramento falar de reputação. Se quer que continuemos a conversa, aconselho-o a ser mais delicado.

O sorriso de Mayola ampliou-se. O caso exibia excelentes perspetivas de divertimento.

Jeremy fez-se vermelho, um rubor que lhe principiava nos malares estendia-se a toda a face, atingindo-lhe depois o pescoço. Com certo esforço, conseguiu dominar-se.

— Muito bem — disse. — Não discutamos reputações, tanto a sua como a minha. Ocupemo-nos de Sammy the Sheik. Ao entregar-lhe a importância de quinhentas libras, qual a minha garantia de que esse vago e nebuloso indivíduo lhe dê o testamento, não me dirá, Callaghan? E que garantia tenho também de que, mesmo que ele o faça, você mo entregue a mim?

— Claro que não tem garantias — asseverou Callaghan, sorrindo. — Aí é que está a piada. Terá de arriscar-se; mas não é a primeira vez que o faz, pois não? E há outra coisa: não estou a pedir-lhe que me dê quinhentas libras. Conheço esses tipos, se lhe acenar com umas duzentas e cinquenta ou mesmo duzentas ficará satisfeito por poder deitar mão à massa entregando o testamento. Quando lhe trouxer o papel, o senhor dar-me-á o que falta para completar as quinhentas libras. Não vejo onde está o problema.

Jeremy dirigiu-se ao aparador e regressou com um pequeno charuto. Perfurou-o e acendeu-o com gestos meticulosos.

— Diga-me, Callaghan, tem alguma ideia de quem seja esse tal Sammy the Sheik? — inquiriu. — O seu brilhante cérebro não terá o mais remoto vislumbre de qual possa ser a identidade dele?

Callaghan encolheu os ombros, dizendo:

— Pode ser qualquer pessoa. Não faço a mínima ideia de quem seja, mas sim de quem possa ser. Não será lógico que, se *Miss* Cynthis

Meraulton consultou um detetive privado, ou seja, eu, poderia também ter consultado um outro qualquer? Existem neste país alguns pretensos investigadores particulares que o não são de modo nenhum; não passam de malditos vigaristas de primeira apanha. São o tipo de gente capaz de aceitar uma nota de cinquenta libras por um trabalhinho tal como o de roubar um testamento numa casa mortuária, em especial se souberem do valor que possui para os Meraulton.

Jeremy fez um aceno de cabeça concordante. Examinava atentamente o charuto.

— Deixe-me que lhe diga uma coisa, Callaghan — retorquiu. — É possível que não tenha nenhuma ideia da identidade de Sammy the Sheik, mas eu tenho. Tenho uma ideia e bem definida.

— Não me diga! — exclamou Callaghan, manifestando-se interessado.

— Digo, sim — manifestou o outro. — Quanto a mim, Sammy the Sheik é, nem mais nem menos, do que uma pessoa chamada Slim Callaghan, da Callaghan Investigations, que imagina ter arranjado maneira fácil de apanhar outras quinhentas libras além das que já conseguiu de minha prima Cynthis pela sua tarefa de ladrão de cadáveres.

Callaghan riu durante bastante tempo, dizendo por fim:

— Não seja tão melodramático nem tão idiota! Porque não põe os miolos a funcionar? Se acaso fosse eu o Sammy the Sheik, não seria mais fácil ter dito a Cynthis que, se me não desse mais dinheiro, entregaria o testamento a um de vocês? Acha que não pagaria bom dinheiro pelo documento?

Jeremy tinha o rosto lívido. Os grandes olhos azuis cintilavam. Mayola agitou-se no assento, parecendo querer significar aprovação. Sabia do esforço feito por Jeremy para se dominar, para não se precipitar sobre o homem instalado no cadeirão e esmurrar a face insolente do indivíduo que dele zombava. Mas talvez o fizesse no instante seguinte. Passou a língua vermelha sobre os lábios num gesto de apreensão deliciosamente sádica.

— De facto, seria mais fácil se você fosse realmente Sammy the Sheik — comentou Jeremy em tom glacial. — E não vejo motivo para duvidar que o não tenha feito já. Seria bem próprio do Sr. Callaghan sugar Cynthis até ao último tostão a que pudesse deitar as unhas e, depois de obter dela o máximo possível, vir propor-me a mesma coisa. A propósito, porquê a mim? Porque não a Percival, a Bellamy ou a Paul? Por que razão tive a honra de ser escolhido?

Callaghan encolheu de novo os ombros, replicando:

— É bastante óbvio, não acha? Percival não tem um chavo; vive das migalhas que obtém de Bellamy. Esse está falido e entregou-me as últimas duzentas libras — prosseguiu Callaghan ponderadamente, enquanto observava com prazer a furtiva troca de olhares entre Mayola e Jeremy. — Bellamy pagou-me duzentas libras para tentar livrá-lo de ser preso, mas falhei; não me foi possível.

Inalou o fumo e deitou fora a ponta do cigarro, continuando:

— Quanto a Paul, ainda não contactei com ele. E nem sequer vejo por que motivo devesse fazê-lo. Creio que não tem dinheiro, mas acho que o senhor tem algum ou que poderá obtê-lo rapidamente. Segundo me informaram, ganha bastante com os tansos que frequentam esta casa.

Tirou do bolso o maço de cigarros, mas Jeremy ergueu a mão, detendo-o.

— Não se dê ao incómodo de acender o cigarro, Callaghan — preveniu Jeremy. — Não nos próximos minutos, pelos menos.

Enquanto atirava para o lume a ponta do charuto, prosseguiu:

— Creio que chegou a hora de falarmos com franqueza. Você é mentiroso, Callaghan, um mentiroso insolente. Estive a ouvi-lo e escutei mais insultos dos que até hoje aguentei sem nada fazer. Consegui conter-me porque, cá bem no fundo, sempre soube que faria algo a tal respeito. Vou dar-lhe um conselho e, se for esperto, segui-lo-á. Penso que você seja esse tal Sammy the Sheik. Há ainda outra hipótese, porém: não é, mas conhece tudo a seu respeito, onde está e onde esconde o testamento. Não tenciono entregar-lhe quinhentas libras nem mesmo quinhentos *pence* enquanto houver a mínima hipótese de ser verdade o que penso. Falei com clareza?

— Se é como diz, compreendo — respondeu o detetive, ainda sorridente. — Não gosto de si nem da sua amiga. Considero-os um par de vigaristas. Mas, se pretende assustar-me, terá de fazer nova tentativa. Apresentei-lhe uma proposta e você é livre de aceitá-la ou não, tal como lhe der na gana. Para mim tanto faz que a aceite ou não. Seja como for, talvez eu já tenha obtido o que queria.

Jeremy endereçou um sorriso a Mayola, um sorriso mau, e os olhos dela dardejaram.

— É possível que seja eventualmente forçado a negociar consigo — disse Jeremy. — Mas, antes disso, experimentarei uma outra coisa diferente.

Premiu a campainha cujo botão estava instalado junto à lareira. Mayola levantou-se, sorrindo com gentileza a Callaghan.

— Acho que vou andando — disse. — Tenho duas ou três coisas a fazer e já é muito tarde. *Au revoir*, Sr. Callaghan. Se eu fosse você, teria ainda tempo de me mostrar razoável. Não é tarde demais.

Encaminhou-se para a porta e abriu-a. Ao mesmo tempo, abria-se também a porta por detrás dos cortinados, no lado oposto da sala, dando passagem a três indivíduos, três homens corpulentos e mal-encarados, com aspeto de pugilistas. Callaghan observou-os atentamente, ao mesmo tempo que gravava na memória os rostos para uma futura utilização.

Mayola fechou a porta atrás de si. Os três homens encaminharam-se para junto da mesa e ficaram a olhar para o patrão.

— Muito bem, Callaghan — disse Jeremy. — Dentro em breve ficaremos a saber se conhece ou não o paradeiro do testamento, se o tem em sua posse. Mas devo preveni-lo de que evitará muitos aborrecimentos se falar agora, se disser onde ele está ou se mo entregar, caso o tenha consigo.

O detetive continuava a sorrir. Recostou-se no cadeirão, descontraindo-se, e garantiu:

— Não conheço Sammy the Sheik. Não sei quem é. Não sei onde está o testamento e, mesmo que soubesse, não iria buscar-lho, nem sequer ao virar da esquina. E que fazemos agora?

Jeremy tirou do bolso a cigarreira, pegou num cigarro e acendeu-o. Deitou fora o fósforo e dirigiu-se a um dos homens que aguardavam.

— Vai trabalhá-lo — ordenou. — Já que está a pedi-las, dá-lhas.

Jeremy regressou, a fumar um cigarro e trazendo consigo uma chávena de café.

Callaghan jazia a um canto da sala, com a cabeça apoiada ao lambrim de carvalho. Escorria-lhe um fio de sangue de uma das narinas, deslizava-lhe pelo queixo e pingava para o soalho. Tinha os dois olhos negros, o rosto pisado e um corte na mão, corte que sangrava lentamente. Um dos lados do queixo exibia uma imagem grotesca, meio deslocado, com a articulação quase totalmente fora do respetivo encaixe. Mas nada disso o incomodava sobremaneira, pois achava-se inconsciente.

Jeremy postou-se diante do lume a saborear o café. Fitou o mais alto dos três homens, agrupados junto de Callaghan a olhar para o vulto caído. Um deles baloiçava na mão um pedaço de tubo de borracha cheio de manchas de sangue.

— Falou? — inquiriu Jeremy.

— Nem uma palavra — esclareceu o homem com um grunhido. — Nem uma maldita palavra. Não disse nada desde que principiámos a trabalhá-lo. Pareceu rir de nós durante quase todo o tempo. Tive receio de continuar. Como não queremos dar-lhe a matar, ordenei que o deixassem.

Jeremy fez um aceno de concordância, apontando para o maxilar de Callaghan.

— Tem o queixo deslocado. Ponham-no no sítio — ordenou.

Um dos homens amparou a nuca de Callaghan, afastando-lhe a cabeça do lambrim. O mais alto inclinou-se sobre ele e mediu com cuidado a distância. Depois, o seu punho direito foi embater com violência no queixo de Callaghan e ouviu-se um estalido quando a articulação encaixou no lugar adequado.

— Ponham-no na cadeira e vão buscar água — disse Jeremy em voz serena. — É melhor trazerem-lhe também um pouco de *brandy*. O tipo é mais rijo do que imaginei.

Havia um leve tom de admiração na sua voz.

Devagar, a névoa que se abatera diante dos olhos do detetive começou a dissipar-se. Jazia no assento, a cabeça apoiada ao espaldar elevado, o cérebro lutava para regressar ao presente. Quando tentou abrir um olho, a luz elétrica quase o cegou e, com lassidão, fechou-o novamente. Doía-lhe todo o corpo. Tinha um golpe na mão direita e um dedo da mão esquerda, que fora dobrado para trás, transmitia-lhe dores lancinantes a todo o braço.

Principiou a recordar-se das coisas, mas deixou-se ficar muito quieto, recompondo-se lentamente, a tentar avaliar a situação e não se preocupar com as muitas dores que lhe varavam o corpo moído de pancada. Alguém lhe chegou um copo aos lábios. Sentiu a crueza do *brandy* na língua seca e a escorrer-lhe pela garganta ressequida. Engasgou-se e sufocou, mas o álcool fê-lo reviver. Recordou-se de Jeremy e fez uma careta, esticando os lábios feridos. Permaneceu na mesma posição, de olhos cerrados, e pensou qual seria o próximo movimento do jogo, o que iria Jeremy fazer de seguida. Ouviu a voz dele, fria e incisiva, como se chegasse de grande distância:

— Muito bem, Callaghan. Mesmo sem ter obtido de si nenhuma informação, ensinámo-lo a não se mostrar insolente para com os seus superiores.

Fez sinal ao indivíduo mais avantajado, ordenando:

— Levem-no e dêem-lhe uma boa lavagem. Quando estiver apresentável, tragam-no outra vez.

Os homens pegaram em Callaghan por debaixo das axilas e deixaram a sala quer amparando-o quer transportando-o mesmo, por vezes. Terminado o café, Jeremy principiou a praguejar em voz baixa. Sentia-se bastante desapontado.

Já com maior firmeza nas pernas, Callaghan mergulhou a cabeça na água fria, uma e outra vez, no lavatório existente na antecâmara da casa de banho. Ao fim de cinco minutos de várias imersões, principiou a pensar com maior clareza e a sentir dentro de si um ódio devastador por Jeremy, por Mayola e por toda a gente.

Lavou as mãos com um pedaço de sabão. Ao olhar em redor, verificou que o cubículo tinha duas portas. Uma delas deitava para a passagem exterior onde se encontrava um dos pugilistas, encostado à parede a fumar um cigarro, fora das vistas do detetive; a outra porta comunicava com a casa de banho adjacente.

Limpou as mãos à toalha e encaminhou-se penosa e prudentemente para a segunda porta. Espreitou para o interior. No suporte dos objetos do banho, havia uma escova de banho em mogno, provida de um cabo com cerca de meio metro de comprimento. Sem fazer barulho, Callaghan entrou no compartimento e pegou na escova para lhe tomar o peso. Considerou-a suficientemente pesada. Enfiou-a então no bolso traseiro das calças do lado direito, deixando o cabo de fora. Depois regressou ao cubículo e fez barulho com a água para não despertar a desconfiança do homem postado no exterior. Em seguida, vestiu o casaco e saiu.

O pugilista olhou-o com um sorriso e comentou:

— Assim estás melhor. Mas aposto que não te sentes tão arrogante como quando aqui chegaste. Vamos por aqui.

Callaghan seguiu-o pelo mesmo caminho, pelo corredor oblíquo, até à sala onde há momentos estivera. Jeremy continuava postado diante da lareira. Fez sinal ao detetive para que se sentasse e levou-lhe um *whisky* com soda. Com um aceno, dispensou o indivíduo, que saiu fechando a porta.

— Ora bem — principiou Jeremy. — Afinal, parece que sempre terei de falar de negócios consigo, Callaghan. Mas há uma coisa que me deixa bastante satisfeito: tenho agora a certeza de que se você soubesse onde se encontra o testamento teria confessado.

Callaghan riu, embora lhe doessem os lábios fendidos.

— Talvez sim, talvez não — observou.

— Quero esse testamento — asseverou Jeremy. — E sou perfeitamente honesto: Tenciono tê-lo por meios legais ou ilegais.

— Só há uma maneira de obtê-lo, Meraulton — afiançou o detetive. — É pagar o dinheiro que lhe pedi.

Jeremy acendeu um cigarro.

— Começo a crer que tenha razão — concordou. — Compreende, por certo, que não terá vantagem em trair-me, pois pode acontecer-lhe algo muito pior do que lhe aconteceu há pouco.

Meteu a mão no bolso do casaco, tirou a carteira e entregou a Callaghan um molho de notas.

— Estão aí duzentas e cinquenta libras, Callaghan — informou. — Quando me entregar o testamento de August Meraulton, o que trazia na caixa do relógio quando foi assassinado, e lembre-se de que a assinatura dele me é muito familiar, dar-lhe-ei as outras duzentas e cinquenta. Estou a pagar-lhe demais, mas, como muito bem disse, tenho de arriscar. Dou-lhe um prazo até às dez da noite de amanhã para obter o testamento e estar de volta aqui com ele. Se o não fizer, irei procurá-lo e o que hoje lhe sucedeu nada é comparado com o que lhe vai acontecer. Nada mais temos a dizer.

— Acho que não — disse Callaghan, sorrindo obliquamente. — A não ser que agora penso que teria sido preferível falar de negócios por telefone em vez de ter vindo.

Contou as notas com dedos que se recusavam a movimentar-se e verificou que a quantia estava certa. Dobrou o dinheiro e, com a mão direita, simulou colocá-lo no bolso traseiro das calças.

Não o fez, porém. A mão direita atrás das costas, encoberta pelo casaco, agarrou o cabo da escova de banho. Deu volta à mesa, fingiu uma locomoção instável, uma fraqueza maior do que a sentida, enquanto se apoiava no móvel com a mão esquerda. Depois, no momento em que ficou diante de Jeremy, deu um pulo para diante. A escova saiu do bolso e abateu-se sobre o crânio do outro num golpe terrível. Este dobrou-se sobre si próprio e tombou na alcatifa, desmaiado.

Callaghan ajoelhou-se, desabotoou-lhe o casaco, tirou-lhe a carteira e inspecionou-a. Continha mais notas, num total de cento e cinquenta libras. Apoderou-se delas, fazendo-as desaparecer na algibeira.

Depois levantou-se, encaminhou-se para a porta, abriu-a e olhou para o corredor. Não viu ninguém. Percorreu-o cautelosamente até alcançar o vestíbulo e pôs-se à escuta por instantes. Atravessou o átrio, abriu a porta da rua, saiu e fechou-a sem fazer barulho e, a passos incertos, desceu o caminho em direção à estrada principal.

Capítulo 11
Nada como a verdade

O estrondear contínuo do trânsito em Victoria despertou Callaghan, instalado no Hotel Excelsis («Familiar e de Negócios — Dormida e Pequeno-Almoço: 4/6»).

Abriu os olhos e tornou a baixar as pálpebras fatigadas, e concentrou-se em seguida na tarefa de reabri-los. Por fim, com um resmungo, sentou-se na cama e tocou a campainha.

Quando a criada de aspeto negligente e de olhos arregalados perante o rosto de Callaghan lhe trouxe o chá, sentou-se na beira da cama e bebeu-o. Depois disso, postou-se em frente do espelho do toucador a inspecionar o rosto.

Tinha os dois olhos terrivelmente pisados. Havia um inchaço do tamanho de uma noz na face direita, por cima da articulação do maxilar. O grande golpe aberto no sobrolho principiara a sarar e na parte esquerda do pescoço via-se uma laceração de mais de seis centímetros.

Cada milímetro de corpo continha a sua dor própria e as articulações da mão direita achavam-se quase fora do sítio; fosse como fosse, o murro que a pusera em tal estado surtira efeito em alguém. Os pugilistas de Jeremy sabiam do seu ofício, tendo por certo amplas oportunidades de praticar no Show Down.

Foi à casa de banho e pôs as torneiras a correr. Soube-lhe bem a água quente. Pensou em Jeremy, que lhe provara conclusivamente uma ou duas coisas que valiam bem o preço do chapéu e do sobretudo deixados no vestíbulo lateral do Show Down. O senso de humor veio em socorro de Callaghan. Deitado de costas na banheira, descontraído, começou a sorrir —assim como assim, o chapéu e o sobretudo tinham custado quatrocentas libras a Jeremy!

Terminado o banho, barbeou-se, pediu mais chá e, enquanto o bebia, pegou no maço das notas, apontou os números e conferiu-os por diversas vezes. Possuía ao todo mil cento e oitenta libras, em notas de banco, quantia contabilizada no bloco-notas da seguinte maneira:

Grupo 1 —	Recebido de Cynthis Meraulton (pagamento original efetuado por Willie Meraulton)	500 libras
	Despesas a deduzir (Darkie, Revenholt e Cia.)	220 libras
		280 libras
Grupo 2 —	Novo adiantamento de Willie Meraulton	300 libras
Grupo 3 —	De Bellamy Meraulton	200 libras
Grupo 4 —	De Jeremy Meraulton	400 libras
	Total	1180 libras
	Uma bela maquia	

Callaghan acabou de se vestir sem pressa, foi para baixo, devolveu a navalha de barba que pedira emprestada, pagou a conta e deixou o hotel. Encaminhou-se lentamente para a estação de Victoria a caminho da qual parou para comprar outro sobretudo, chapéu e luvas. Levantou a mala no depósito das bagagens.

Em seguida, tomou um táxi de regresso ao Axford Hotel de Orchard Street e alugou quarto. Mandou que lhe levassem a mala para cima, dirigiu-se à cabina e ligou para a Scotland Yard. Um minuto depois, Gringall surgia na linha.

— Boa tarde, Gringall. Fala Callaghan. Como vão as coisas?

O polícia soltou um grunhido e disse:

— Escute, Callaghan, não acha que já é tempo de deixar-se de brincadeiras estúpidas, suscetíveis de metê-lo em sarilhos? Não quero ser verdadeiramente duro consigo, mas, a não ser que dentro de umas horas saiba de Cynthis Meraulton, eu...

— Oiça, Gringall — interrompeu Callaghan. — Aposto consigo tudo quanto quiser que sabe tão bem como eu onde Cynthis Meraulton se encontra. Se lhe desconhece o paradeiro, então é porque há algo de basicamente errado no sistema policial. O que devia dizer é que sabe muitíssimo bem onde ela está, mas não a incomodou até agora porque acha mais sensato deixá-la à vontade para ver como procede, se entra em contacto com algum dos Meraulton. E age deste modo porque chegou à conclusão de que há mais do que uma pessoa envolvida no homicídio. Bem, não se preocupe. Talvez lhe ofereça a coisa de bandeja. Seja como for, se quiser discutir o assunto, estarei aí dentro de vinte minutos. Então, que diz?

Gringall deixou escapar novo grunhido.

— Se tem algo a dizer, ouvi-lo-ei — respondeu, antes de desligar.

Callaghan ligou para os Apartamentos Delvine Court, para falar com Cynthis.

— Não se zangue comigo — disse ele, sorrindo para o bocal do telefone. — Sei que está aborrecida, que deseja ver Willie e que começa a desconfiar de mim, a pensar em milhentas coisas. Mas tenhamos calma por mais algum tempo. O caso encontra-se neste pé: tudo corre bem, embora tenha ainda de resolver um ou dois pormenores. Vou trabalhar toda a tarde e mesmo ao serão, mas dou-lhe a minha palavra de honra de que irei vê-la por volta da meia-noite e não se admire se levar Willie comigo.

Soltou um riso abafado e prosseguiu:

— Digo-lhe mais uma coisa: quando se inteirar da maneira como lidei com o assunto, convidar-me-á provavelmente para padrinho de casamento. Garanto-lhe que Willie concorda.

Cynthis falou em voz fria, dizendo com sobriedade:

— Só esperarei por si até à meia-noite. Se não aparecer ou se houver mais desculpas ou delongas, pôr-me-ei em contacto com a Scotland Yard logo pela manhã.

— Muito bem minha senhora — replicou Callaghan. — Está apostado.

Continuava a sorrir ao desligar.

Gringall observou Callaghan instalado em frente da secretária. O sargento-detetive Fields, com um bloco de apontamentos diante de si, sentava-se no extremo da mesma e mordiscava a ponta de um lápis; não era o menor dos seus dotes a capacidade de estenografar mais de oitenta palavras por minuto.

Callaghan tirou do bolso o maço de cigarros e ofereceu um a Gringall. Depois descontraiu-se no assento. O inspetor endereçou-lhe um sorriso azedo.

— Pelo seu aspeto, vejo que alguém lhe aplicou uns sopapos — comentou.

— Três «alguéns» — esclareceu Callaghan. — Nunca apanhei tanto em toda a vida. Os tipos eram realmente duros. No entanto, talvez tenha valido a pena — congeminou ao rematar.

Expeliu uma nuvem de fumo, fitando Gringall através dela.

— Não vou prestar depoimento, Gringall — declarou. — Portanto, ordene a Fields que largue o lápis. Talvez ainda hoje tenha algo para si, mas mais tarde. Deixe-se ficar por cá ou encarregue alguém de contactar consigo. Por agora, quero apenas conversar calmamente.

— Que espécie de conversa? — inquiriu Gringall, fixando o detetive. — Como a última que tivemos?

Callaghan sorriu ao replicar:

— Não se aborreça, Gringall. Quando eu terminar, vai admitir que sou o seu melhor amigo. Neste preciso momento, você tem algo a envenenar-lhe o espírito. Meteu-se-lhe na cabeça que o iludi a respeito de Bellamy Meraulton, que coloquei em sua casa o chapéu manchado de sangue. Nego tal coisa. Mas, suponhamos que a admito? Verificará que isso não tem a mínima importância, desde que traga benefícios. A propósito — inquiriu com à-vontade —, que aconteceu a Bellamy?

— Saiu sob caução, acusado de consumo de estupefacientes — informou Gringall. — Aparentemente, recebe a droga de Beldoces. Bellamy safou-se da acusação de homicídio com bastante facilidade. Descobrimos o motorista de táxi que o levou a Lincoln's Inn Fields, e o deixou lá às onze e cinco. A Gallicot impingiu-nos um monte de aldrabices. Declarou-se atemorizada e garantiu que você a induzira a mentir. Você tem muitas satisfações a dar, segundo parece.

Callaghan sorriu, inquirindo:

— Porque não passamos ao que interessa quanto à Gallicot, Gringall? O que quer dizer, em boa verdade, é que, ao deter Bellamy como suspeito, ele lhe contou ter visto Cynthis Meraulton em Lincoln's Inn Fields e, como a Gallicot lhe disse que a aconselhei a mentir sobre a hora a que Bellamy chegou efetivamente a casa dela, você acha que continuo a tentar livrar Cynthis.

Deitou fora a cinza do cigarro e prosseguiu.

— Escute, Jigger, o senhor é demasiado inteligente para acreditar que a Gallicot tenha mentido só por minha causa. Claro que não foi por isso. Disse o que disse porque Beldoces lhe ordenou que o fizesse muito antes de eu entrar em cena. A propósito, já que falamos com tanta franqueza, a que horas foi assassinado o velhote?

— Antes das onze menos um quarto, sem sombra de dúvida — garantiu o inspetor. — Provavelmente, às dez e trinta ou por volta disso. É o máximo de precisão conseguido.

— Sim, por volta disso — repetiu Callaghan com um aceno de concordância, como se falasse consigo próprio. — Eu diria às dez e trinta.

Acendeu novo cigarro.

— Sabe como é, Gringall — continuou Callaghan. — Um detetive privado faz tantas coisas que um polícia não pode fazer. Cria, por exemplo, o diabo de um conjunto de situações que poriam na rua de imediato um homem do Departamento de Investigação Criminal. Talvez seja o que tenho feito. Gosto de si, Gringall; parece-me bom tipo. Quanto a mim, você já descobriu Cynthis e a razão por que a deixa sossegada é a que lhe exprimi ao telefone; está-lhe a dar mais um tempo de tranquilidade e acho isso bastante sensato. Vou fazer um acordo consigo e cumpri-lo-ei, por tudo quanto há de mais sagrado. Dentro das próximas oito horas, se as coisas correrem bem, tirarei a limpo o caso da maneira que pretendo.

Sorriu jovialmente para os dois polícias, prosseguindo:

— Acredite no que lhe digo: só há uma maneira de lidar com o caso e nenhum polícia do mundo pode recorrer a ela. Se conseguir o que pretendo, você terá o seu assassino, homem ou mulher, mas, se não conseguir, o homicídio de August Meraulton será apenas mais um daqueles crimes não solucionados, onde há muitas suspeitas, mas nenhumas provas.

Callaghan tirou do bolso o pequeno bloco de apontamentos de capa preta e dirigiu-se a Fields:

— Aponte os números de série das notas de banco que vou ditar-lhe, Fields. Quando eu sair, não demore muito a verificá-los. São os seguintes...

Leu em voz alta os quatro grupos de números. Após um rápido aceno de Gringall, Fields tomou nota do que lhe pediam.

— Agora vou andando — disse Callaghan, levantando-se. — Mas ver-nos-emos em breve, talvez mais cedo do que supõe. Até depois.

Endereçou um breve sorriso a Gringall, pegou no chapéu e deixou a sala.

Fields fitou o chefe, de sobrolho erguido. Gringall encolheu os ombros.

— É curioso — comentou. — Por que diabo se gosta deste tipo? Mas a verdade é que quanto mais lido com ele mais o aprecio. Não há dúvida de que tem qualquer coisa de especial... nem que seja descaramento.

Fields acenou com a cabeça afirmativamente.

— Não pomos ninguém a segui-lo? — inquiriu. — Talvez desapareça novamente e não pode perdê-lo numa altura destas.

Gringall sorriu para Fields ao replicar:

— A tua psicologia está errada, Fields. Callaghan sabe perfeitamente que eu sei ter sido ele quem colocou o chapéu em casa de Bellamy Meraulton e que é ele o homem da morgue de Ensell Street, que levou o testamento guardado na caixa do relógio do velhote. Callaghan sabe que estou a par de tudo isso e não desconhece o que lhe sucederá se me pregar nova partida.

Levantou-se e distendeu os músculos.

— Callaghan tem miolos — garantiu Gringall. — E eu permito-lhe que faça uso deles.

Às dez horas, da cabina telefónica de Russell Square, Callaghan ligou para Fred Mazin, que permanecia de plantão no escritório de Chancery Lane.

— Olá, Fred! — saudou. — Fala Callaghan. Estou à espera da visita do Sr. Jeremy Meraulton. O tipo tem esperança de obter de mim certa coisa, um testamento que prometi conseguir-lhe. Trata-se de um cliente bastante teso, capaz de se mostrar muito desagradável. Se aparecer, diz-lhe que espere, que pedi que me aguardasse. Diz-lhe ainda que, se o fizer, lhe entregarei o testamento esta noite, como prometi. Até logo.

Callaghan desligou e, decorrido algum tempo, fez nova chamada, desta vez para Darkie:

— Fala Callaghan. Descobriste alguma coisa sobre o escritório de Paul Meraulton, no número vinte e dois de Greeneagle Street, perto daqui?

— Descobri — afirmou Darkie —, mas não tens sorte nenhuma. A frente deita para a rua principal e a porta das traseiras fica bem à vista das casas de Mervyn Street, de modo que não serve para nada. Há na zona dois guardas-noturnos. Todos os escritórios têm portas com fechaduras especiais e dão para os corredores. Tens tantas hipóteses de lá entrar sem ser notado como de ires para o céu. Compreendes?

— Compreendo — retorquiu Callaghan. — Está bem. Obtiveste a morada de Paul Meraulton?

— Vive perto do escritório — elucidou Darkie —, nos apartamentos Melleville, em Glasbury Street. O número telefónico é Museum 88976. Em geral, o tipo fica em casa; sai pouco.

— Muito bem, Darkie — disse Callaghan. — Deixa-te estar por aí. Devo precisar dos teus serviços ainda esta noite.

Desligou, saiu da cabina, acendeu um cigarro e parou na rua a pensar por momentos. Depois reentrou na cabina e marcou o número 88976 de Museum. Pediu para falar com Paul Meraulton. Decorridos alguns minutos, ouviu uma voz na linha, uma voz brusca e incisiva, que demonstrava um elevado grau de domínio pessoal.

— É o Sr. Paul Meraulton que está ao telefone? — inquiriu o investigador. — Boa noite. Suponho que não terá ouvido falar de mim. Chamo-me Callaghan, da Callaghan Investigations. Lastimo imenso incomodá-lo, Sr. Meraulton, mas gostaria de encontrar-me consigo no seu escritório de Greeneagle Street dentro de cinco minutos e, para que não percamos tempo a discutir ao telefone, deixe que lhe diga desde já o seguinte: primeiro que tudo, o jogo terminou; está descoberto e o melhor que tem a fazer é sair do país o mais depressa possível. Talvez não seja muito fácil para um homem falido, mas pode deitar mão a umas mil libras e efetuar uma retirada rápida se fizer o que lhe aconselho.

Houve uma pausa prolongada e depois a voz perguntou:

— E que me aconselha exatamente?

— Aconselho-o a ir de imediato ao seu escritório de Greeneagle Street — disse Callaghan. — Encontrar-me-ei lá consigo. Pretendo examinar os livros de contabilidade das curiosas firmas geridas pelos quatro irmãos Meraulton. Depois disso, trocarei consigo duas palavrinhas e, se for sensato, poderá ainda safar-se. Então, que me diz?

— Bem, para começar, irei ao escritório de Greeneagle Street ver como é o senhor. Depois de conversarmos mais um pouco, decidirei se devo ou não tratar de negócios consigo.

Callaghan sorriu e rematou:

— O senhor é uma pessoa sensata. Até já.

Paul Meraulton estava sentado à secretária, diante do cofre aberto. Na sua frente, havia uma meia dúzia de livros de contabilidade, abertos. Observava Callaghan, instalado a um canto a acender o cigarro. Meraulton passou a língua sobre os lábios ressequidos. Tinha o rosto fechado e tamborilava com os dedos na esquina da secretária. Sentia-se assustado.

— Como ficou a par do caso? — inquiriu, enquanto fazia um gesto na direção dos livros.

— Limitei-me a somar dois mais dois sem concluir que eram cinco — replicou o detetive. — Pedi a um amigo que pesquisasse umas coisas a seu respeito e ele informou-me que o senhor passava bastante tempo em Somerset House e que ganhava seis libras para gastar sessenta. Ora, não se perde tempo em Somerset House para nada. Somerset House significa negócios empresariais, sobretudo quando se costuma frequentar a conservatória do registo comercial. De modo que investiguei se algum dos Meraulton estaria interessado em empresas e a investigação demonstrou ser esse o caso relativamente aos quatro, únicos acionistas das quatro antigas firmas adquiridas e reativadas pelos senhores. Perguntei a mim próprio qual o motivo disso e a resposta foi fácil.

Callaghan puxou um trago de fumo capaz de lhe preencher toda a capacidade pulmonar e, depois, como era hábito, expeliu-o apenas por uma das narinas e em seguida pela outra.

— Foi uma ideia inteligente, Paul, tenho de admiti-lo — elogiou Callaghan. — Os quatro sabiam muitíssimo bem que August Meraulton estava farto de vós, que não vos daria dinheiro enquanto vivesse e sabiam também haver a perspetiva de receberem parte do património... isto é, se August Meraulton não alterasse o testamento. Portanto, tiveram a ideia de criar as empresas. Sob a capa dessas quatro firmas, conseguiram obter fundos da Meraulton Estates and Trust Company, pois o tio Meraulton julgava emprestar dinheiro a quatro empresas legítimas. O pobre diabo desconhecia que dava simplesmente a massa aos quatro sobrinhos, que veria de preferência arder no Inferno do que receberem dele um só tostão.

O detetive soprou para a atmosfera um círculo de fumo e observou-o a flutuar no espaço. Depois, prosseguiu:

— O velhote pensou que as vossas empresas-fantoche fossem autênticas. Às saídas de fundos correspondiam entradas de obrigações e de certificados de ações falsos. Quis examinar os livros para certificar-me e agora tenho a certeza — concluiu Callaghan com um movimento de ombros significativo.

Paul Meraulton levantou-se, fitou o detetive e disse com um ligeiro sorriso a bailar-lhe nos lábios:

— Você sabe demais para meu gosto. Que mais sabe além disto?

Callaghan olhou-o com expressão muito próxima do escárnio.

— Sei bastante bem tudo quanto há a saber, Meraulton — replicou. — O bastante para o pôr à sombra por um considerável período de tempo.

Paul Meraulton dirigiu-se à janela e espreitou a rua tranquila.

— Que quis dizer ao telefone ao referir-se à possibilidade de escapar? — questionou. — Há que deitar mão a mil libras?

— O que disse é verdade — garantiu Callaghan, sorrindo. — Tem máquina de escrever?

Meraulton fez um aceno de cabeça afirmativo.

— Muito bem — disse o detetive. — Então, sente-se e escreva. Escreva uma confissão completa e assine-a. Depois de fazê-lo, dar-lhe-ei mil libras e poderá desaparecer com a rapidez que desejar. Se fosse eu, embarcaria para a Argentina ou para as ilhas gregas. Segundo parece, é difícil a extradição de qualquer dos países.

— Como sei que fala verdade? — tartamudeou Meraulton. — Como sei que me dará o dinheiro?

— Não sabe de maneira nenhuma — retorquiu o investigador. — Terá de arriscar-se. Mas, se não fizer o que lhe digo, telefonarei ao meu amigo Gringall da Scotland Yard e, dentro de uma hora, encontrar-se-á instalado numa confortável cela da cadeia de Brixton. Então... que escolhe?

Meraulton hesitou por momentos. Depois dirigiu-se à máquina de escrever e destapou-a. Colocou nela uma folha de papel.

— Que devo dizer? — perguntou. — Como principio?

Callaghan levantou-se, sorrindo. Aproximou-se e foi postar-se atrás de Meraulton.

— Eu dito-lhe o texto e você escreve-o — esclareceu Callaghan. — Bem, vamos a isto: *A presente é uma confissão feita voluntariamente por mim, Paul Meraulton...*

Callaghan continuou a ditar e Paul Meraulton a escrever à máquina até à conclusão do documento. Depois, o investigador entregou ao outro a caneta de tinta permanente e ordenou:

— Agora assine e ponha a data.

Ficou a ver Meraulton rematar dessa forma a confissão e, depois, após tirar-lhe a caneta, escreveu no fundo da folha: *Testemunhado por Slim Callaghan, da Callaghan Investigations*.

Dobrou as folhas de papel e fê-las desaparecer na algibeira. Serviu-se de um cigarro e ofereceu outro a Meraulton, enquanto comentava:

— Acho que está a precisar disto.

Em seguida, exibiu o maço de notas e retirou dele o total de mil libras, depositando-as a um canto da mesa. Voltou a colocar as restantes cento e oitenta libras no bolso.

— Aqui tem o seu dinheiro — declarou. — Agora desapareça e, se for esperto, faça-o rapidamente.

— Não dirá nada disto a ninguém durante umas horas? — inquiriu Meraulton, apossando-se do dinheiro.

— Você é um patife, Meraulton — replicou Callaghan com uma careta. — E não entro em acordos com patifes, isto é, se tiver possibilidade de evitá-lo. Suma-se enquanto puder. Talvez o apanhem ou talvez não; é um risco que terá de correr.

Faltava um quarto para a meia-noite. Ao trepar as escadas que conduziam ao escritório de Chancery Lane, Callaghan desatou a tossir a meio da subida. Ao prosseguir, fez a si próprio a velha promessa de baixar o consumo de cigarros para cinquenta por dia.

Fred Mazin encontrava-se no gabinete exterior. No lado oposto da sala, estava Jeremy Meraulton, entregue à leitura de um jornal.

— Sai, Fred — ordenou Callaghan. — Eu atendo o Sr. Meraulton. E, outra coisa: amanhã não precisas de vir. Não necessito de ti por algum tempo.

— Está bem — replicou Fred Mazin.

Apanhou o chapéu, a publicação das corridas e o boletim de apostas e desapareceu.

Callaghan olhou para Jeremy, que sorria.

— Vamos ali para dentro — convidou o investigador.

Abriu a porta do gabinete privativo, entrou e acendeu a luz. Depois, sentou-se à secretária. Jeremy permaneceu à entrada, de boca franzida e ar ameaçador.

— Não quero discussões consigo, Callaghan — disse. — Admito que me inspira certo respeito. Ontem à noite, teve muita sorte ao passar de vencido a vencedor.

Callaghan continuava a sorrir.

— De facto, tive — replicou simplesmente. — E tive ainda mais sorte porque encontrei um camionista na estrada principal que me deu boleia até Londres; caso contrário, talvez ainda viesse a caminho.

Acendeu um cigarro e perguntou:

— Bem, quer o seu dinheiro de volta ou o testamento?

— O testamento — respondeu Jeremy. — Prometi-lhe o dinheiro e pode ficar com ele. Se tiver o testamento, dê-mo. Se não tiver, faço-o às postas.

— Não me diga! — exclamou o investigador.

Reclinado no assento, Callaghan divertia-se com a situação. Permaneceu assim por instantes e depois disse:

— Vou pregar-lhe uma boa partida, Jeremy. Não só lhe darei o testamento, como lhe fornecerei uma informação bastante útil para si. Abriu a gaveta da secretária, remexeu o conteúdo de um dos cantos e exibiu a folha de papel de cópia dourado onde August Meraulton escrevera à máquina o testamento, que atirou para a frente de Jeremy.

— Dê-lhe uma vista de olhos e certifique-se da autenticidade da assinatura do velhote — ordenou Callaghan. — Então, está satisfeito?

Jeremy examinou o documento e garantiu por fim com um meio sorriso:

— Estou.

— Ótimo! — disse Callaghan. — Agora, dir-lhe-ei no que está a pensar. Pensa que o que tem a fazer é destruir esse papel para que tudo se resolva, porque, de acordo com o primeiro testamento, todos entrarão de posse da herança em partes iguais. Mas engana-se redondamente. Esse documento não vale um centavo para ninguém. Não digo que não se trate do testamento de August Meraulton, note-se, mas apenas que não fará diferença destruí-lo ou não.

Jeremy continuava a sorrir, segurando a folha de papel entre o polegar e o indicador. Com a mão livre, tirou do bolso o isqueiro.

Deitou fogo ao documento e observou-o a consumir-se. Quando este se reduziu a cinzas, disse:

— Pronto, já está! Que dizia, Callaghan?

O detetive acendeu novo cigarro.

— Vou informá-lo de uma coisa que ninguém mais sabe — replicou Callaghan. — Algo que lhe dará que pensar e que o fará sentir-se um zero à esquerda. Aí vai: toda a gente... a polícia, você, os seus irmãos e, provavelmente, todos quantos se dão ao incómodo de ler os jornais... enfim, toda a gente meteu na cabeça que August Meraulton foi morto por alguém que se quis apoderar do testamento. Mas eu sei que não foi esse o caso. Sei-o, pois eu próprio fui à morgue de Ensell Street e tirei-lho. Deste modo, August Meraulton não foi assassinado para lhe roubarem o documento. Se fosse esse o motivo, tê-lo-iam feito, não me dando azo a ficar com ele. Tire daí as suas conclusões, Jeremy. O velhote ficou quase uma hora prostrado em Lincoln's Inn Fields após ter sido abatido a tiro e durante todo esse tempo conservou o testamento sem que o criminoso se desse ao trabalho de levá-lo.

Jeremy fitou Callaghan de olhos muito abertos; retorcia espasmodicamente as mãos largas.

Callaghan deu uma gargalhada e comentou:

— Durante todo o tempo em que os seus rufiões me espancavam, consolei-me com o facto de ser você o motivo de chacota.

Levantou-se, deu volta à secretária, prosseguindo:

— Você é tido como um tipo inteligente, Jeremy. E pensei que Mayola também o fosse. Julgaram que eu era parvo ao ponto de, se não tivesse motivos muito fortes, tratar de negócios consigo no Show Down, quando poderia tê-lo feito por telefone?

Escondendo as mãos nas algibeiras, Jeremy perguntou:

— E quais eram esses motivos?

— Quis saber até que extremos você iria para deitar as unhas ao testamento que acaba de destruir — elucidou Callaghan. — Quis certificar-me se era ou não cúmplice no homicídio de August Meraulton. Sei agora que não. Mas talvez não me tenha feito entender totalmente; talvez possa explicar melhor o caso: o assassino do seu tio não se deu ao incómodo de ficar com o testamento por saber que não tiraria daí qualquer proveito. Se você fosse cúmplice, saberia isso também. O facto de, em primeiro lugar, ter mandado que me espancassem e, em seguida, ter-me dado dinheiro para conseguir o documento demonstrou-me que ignorava o que se passou quanto ao homicídio. Era isso que pretendia saber.

Callaghan pegou no chapéu, continuando:

— A propósito, há mais uma coisa que talvez lhe interesse. Segundo me informaram, Paul roeu-lhe a corda esta noite. Contou toda a história das empresas-fantasmas com que vigarizaram August Meraulton e pôs-se a mexer. Portanto, o jogo acabou, não lhe parece, Jeremy?

Meraulton não respondeu. Também já de chapéu na mão, observava Callaghan.

— Se eu fosse você — aconselhou o investigador —, procedia discretamente e ia conferenciar com a sua amiga Mayola sobre a resolução a tomar. A vida vai tornar-se um tanto ou quanto difícil para os quatro Meraulton, não acha?

Jeremy continuou calado. Rodou nos calcanhares e saiu do escritório. Callaghan ouviu-lhe os passos ao descer as escadas. Decorridos alguns minutos, fechou a porta à chave. Em seguida, tirou da algibeira meia dúzia de folhas de papel redigidas numa caligrafia compacta, folhas que continham o trabalho realizado desde o momento em que deixara Gringall, à tarde, até à altura de telefonar a Darkie.

Dobrou as folhas, agrafou-as e, juntamente com a confissão recebida de Paul Meraulton, meteu-as dentro de um sobrescrito tirado da gaveta. Endereçou-o ao inspetor-detetive Gringall da Scotland Yard. Depois meteu-o no bolso superior do casaco, apagou a luz, fechou à chave as duas portas do escritório e desceu as escadas, continuava a sorrir.

Capítulo 12
E rapto, inclusive...

Callaghan virou para Chancery Lane e encaminhou-se para o extremo de Holborn. Começou a chover e levantou a gola do casaco, mantendo-se ao abrigo da parede.

Enquanto caminhava, pensava no início do caso Meraulton. Também chovia nessa noite. Ruminou no problema da chuva e praguejou para si próprio ao pensar nas noites intermináveis que passara a percorrer Chancery Lane, em constantes idas e vindas ao escritório, a esforçar-se por solucionar diversos casos ou a procurar que o incumbissem deles, a subornar alguém com uma nota de cinco libras ou a tentar deitar mão a algumas dessas mesmas notas.

Com um sentimento algo parecido a surpresa, verificou estar farto da vida de detetive privado. Aborrecia-o a sua própria pessoa, aborrecia-o a Callaghan Investigations. Era um trabalho sem fim aquela profissão. O que sucedia aos detetives privados quando atingiam a velhice, quando estavam demasiado cansados para andar numa roda-viva pela cidade a livrar de sarilhos velhas damas e cavalheiros, a meter o nariz em tudo, a ter de contactar com gente sórdida, com os meios patifes e os patifes completos que fazem parte do extraordinário panorama da vida do investigador privado?

Claro que certos indivíduos haviam singrado com grande êxito na carreira; Pinkerton, por exemplo, um homem de sucesso, dono de uma importante organização à escala mundial nos Estados Unidos, onde tinham importância os detetives particulares dotados de boa reputação. William J. Burns era outro caso desse género.

Vasculhando as algibeiras à procura do inevitável cigarro, Callaghan perguntava a si mesmo por que diabo teria de estar a pensar em detetives privados bem-sucedidos. Apostava tudo quanto tinha em como nunca seria famoso nesse campo. O máximo que conseguiria talvez fosse «ir andando». Quando se vai andando, a vida corre bem, na opinião de certas pessoas. Mas quem diacho se contentaria com isso?

Ao procurar os fósforos no bolso das calças, os dedos de Callaghan apalparam o maço das cento e cinquenta libras. E isso? Não contava? Fosse como fosse, já ganhara mil cento e oitenta libras com o caso Meraulton. Poderia ter ficado com elas e colaborar com Gringall. Mas desfizera-se de mil, que entregou a Paul; fora aconselhável e mesmo necessário fazê-lo, em boa verdade. Darkie quereria outras oitenta pelo seu trabalho e sairia mais algum dinheiro para os rapazes que tinham ajudado, incluindo Fred Mazin. Depois de concluído o caso, se tivesse sorte, restar-lhe-ia uma nota de cinquenta, livre de despesas.

Planeara as coisas dessa maneira obedecendo a um propósito pré-determinado. Não estava disposto a admitir que se embeiçara — e muito — por uma mulher. Mulheres como Cynthis Meraulton nem todos os dias se cruzavam com homens como Slim Callaghan. Interessara-se por ela logo na primeira vez que a vira. Cynthis tinha tudo quanto apreciava numa mulher e talvez mesmo muito mais do que suspeitava.

Em Holborn, cortou para uma rua estreita e percorreu-a até chegar a um beco sem saída. No extremo deste, bateu a uma porta de aspeto periclitante. Decorrido um minuto, esta abriu-se e um rosto velho e mirrado espreitou para fora.

— Olá, Slim! — saudou o dono da referida face. — Como vão as coisas? Que queres?

— Não julga que vim cá perguntar-lhe as horas, pois não, avô? — disse Callaghan a sorrir. — Traga-me um desses tais frascos de gotas que põem as pessoas a dormir com facilidade e dou-lhe uma nota de libra.

— Costumo receber cinco — objetou o velho com uma careta. — Uma libra não dá para nada nos tempos que correm.

— Pago-lhe uma libra — declarou Callaghan. — E não faça a dose muito forte. É para pôr num lenço.

— Está bem — concordou o homem. — Mas só por ser para ti, Slim. Não o faço a mais ninguém. O efeito é para durar quanto tempo?

— Mais ou menos duas horas — respondeu o detetive.

— Nesse caso, levas clorofórmio — disse o velho. — A mistura de éter de nada servirá se pretendes que o efeito dure duas horas. Espera um pouco; vou buscar o frasco.

Callaghan ficou à espera, fumando e batendo com o pé na soleira da porta. Cinco minutos depois, o velho regressava trazendo consigo o frasco.

Callaghan pagou-lhe a libra, despediu-se e encaminhou-se para a garagem de Larnb's Conduit Street. Liquidou as quatro libras que aí devia e recuperou o automóvel retido como penhor da dívida. Tomou posse da viatura com um exame crítico à sua longevidade: tratava-se de um modelo de 1929, com pneus nas lonas e ruídos permanentes.

Meteu-se no carro e viu as horas: faltava um quarto para a uma. Dirigiu-se à zona ocidental da cidade.

No meio da sala, Callaghan olhava Cynthis Meraulton com o mesmo ar apreciativo e calmo com que a analisara da primeira vez que a vira. Cynthis estava sentada num dos cadeirões ao lado da lareira. Vestia traje de passeio, um vestido de crepe da china estampado, e calçava sapatos pretos e meias de cor bege. Dir-se-ia mais fria e mais desejável à medida que o tempo passava.

Encostadas à parede, havia duas malas prontas a seguir e, perto delas, um casaco preto com gola de pele, um par de luvas e um chapéu.

Callaghan endereçou a Cynthis um sorriso de desculpas. Os dedos dentro da algibeira do casaco apalparam o frasco do clorofórmio e o lenço a envolver o pedaço de algodão.

— Estou sempre a pedir-lhe desculpa por qualquer coisa — comentou Callaghan, que sorria jovialmente. — Mas o meu trabalho é bastante estranho; nem sempre corre como se deseja.

— Sr. Callaghan — replicou Cynthis, olhando bem de frente. — Considero-o um mentiroso, um mentiroso sem categoria. Garantiu-me que traria Willie consigo esta noite, o que é mentira. Disse-me que ele estava ou estivera em Edimburgo, o que é mentira também.

— Por vezes, minha senhora, uma mentira é tão boa como outra qualquer — respondeu o detetive, encolhendo os ombros. — Mas como o soube?

— O Willie telefonou-me hoje à tarde — explicou Cynthis. — Disse-me que você o aconselhara a não contactar comigo. Porém, como é natural, estava preocupado. Se não fosse você e as suas constantes artimanhas, já teria vindo ter comigo há muito.

— Mas como soube Willie do seu paradeiro? — perguntou Callaghan com calma. — Creio poder responder à pergunta: aposto que Gringall o informou.

Cynthis pareceu surpreendida. Olhou o interlocutor com um misto de curiosidade e de desprezo.

— Gringall não é o inspetor incumbido do caso? — inquiriu. — Não foi por causa dele que você me fez vir para aqui, para que não me encontrasse? Como poderia Gringall ter dito a Wille?

— Há tempo que Gringall sabe do seu paradeiro — contrapôs Callaghan. — Mas nada fez. Sabia onde vir buscá-la se quisesse. Gringall não é parvo.

— Acho que não — secundou Cynthis. — E o mesmo se pode dizer de si. Os únicos parvos neste caso sou eu, Willie e possivelmente Bellamy, o pobre Bellamy enfrascado em bebida e arruinado pela droga que você submeteu à indignidade de ser preso apenas com o fito de lhe extorquir dinheiro. Neste aspeto, saiu-se muito bem com a família Meraulton, Sr. Callaghan.

— De facto, não me saí mal de todo — concordou o detetive a sorrir. — E quando isto terminar, ficarei bastante bem servido porque, claro, ainda não apresentei a conta final. Mas diga-me uma coisa: onde obteve tal informação a respeito de Bellamy? Ele falou?

— Que esperava? — proferiu Cynthis em tom contundente. — Bellamy foi preso sob uma acusação que sabe ser mero disfarce de uma suspeita de homicídio e, como é natural, falou para salvar a pele. Para que o soltassem, viu-se forçado a nomear-me e a lançar sobre mim maiores suspeitas.

— Talvez — disse Callaghan. — No entanto, como compreende...

— Compreendo que o senhor é totalmente desonesto — atalhou Cynthis. — Compreendo que se valeu das dificuldades que a todos nós afligem, e até mesmo da morte de August Meraulton, para obter dinheiro e mais dinheiro. Para que as coisas lhe corram de feição, não sente escrúpulos em fazer seja o que for para atingir os seus objetivos. Mas isso acabou, Sr. Callaghan. O seu pequeno papel chegou ao fim.

O detetive voltou a sorrir, um sorriso tranquilo, vagamente superior e quase exasperante.

— Não, não terminou — garantiu ele. — O meu pequeno papel vai continuar ainda por algum tempo. E, enquanto dura, digo-lhe mais uma coisa: a senhora parece muitíssimo satisfeita consigo própria quanto a este assunto. Talvez sinta uma grande dose de autocomiseração e talvez pense que a fiz passar um mau bocado pelo simples facto de tê-la mantido afastada e de lhe não permitir encontrar-se com o namorado. O que tem isso? Nunca lhe ocorreu que, quando foi falar comigo ao escritório pela primeira vez, iniciou algo que teria de ser concluído, embora tendo de me suportar até ao desfecho? Não fui eu que lhe pedi para ir à Callaghan Investigations, pois não? Foi, porque lhe convinha. Quando lá se apresentou, por que diabo não deu a perceber que era uma jovem pura, inocente e sem miolos? Vamos, diga-me porquê!

Callaghan fez uma pausa para acender outro cigarro e depois prosseguiu:

— Como compreenderá, não estou acostumado a receber no escritório, a altas horas da noite, a visita de mulheres jovens de uma inocência a toda a prova. Penso que esse género de mulheres não faz esse tipo de coisas.

Callaghan expeliu o fumo por uma das narinas. Os seus olhos mantinham-se fixos no rosto de Cynthis, que permanecia muda e como que petrificada.

— Porém, houve uma coisa em que não pensei — prosseguiu o detetive. — Não pensei que existissem mulheres tão destituídas de miolos como você. Se me tivesse ocorrido tal pensamento, não estaria agora na alhada em que me encontro por sua causa, alhada de que tenho tentado escapar desde então.

— Percebo — disse Cynthis em tom arrastado e amargo. — Em todo este tempo, só pensou em si próprio. Antipatizei consigo desde o primeiro instante, mas imaginei a remota possibilidade de possuir algum atributo aproveitável; que fosse uma pessoa leal, por exemplo. Segundo parece, também nisso me enganei.

— Talvez sim, talvez não — retorquiu Callaghan, dando aos lábios um trejeito de cinismo. — Mas não pretendo discutir esse ponto aqui e agora. Digo-lhe apenas que representou uma comédia na primeira vez que foi ao meu escritório e que me induziu a pensar ter motivos para estar assustada. Portanto, inventei um álibi para livrá-la e coloquei-me em maus lençóis. Um mau passo conduz a outros maus passos. Assim, pelo facto de ter inventado o álibi, Gringall apanhou-me antes mesmo de ter tido tempo para fazer ou improvisar qualquer coisa e vi-me forçado a meter-me em mais sarilhos. Queria ganhar tempo, de modo que me agarrei à primeira coisa que tinha à mão e inventei algumas pistas falsas incriminatórias para Bellamy, que foi preso. Foi assim que tudo se passou e tornaria a agir da mesma maneira se acaso amanhã me encontrasse em circunstâncias idênticas.

— Não seria de esperar outra coisa, Sr. Callaghan! — replicou Cynthis. — Empregaria exatamente os mesmos métodos com qualquer pessoa de quem quisesse obter dinheiro. Mesmo estando convencida da necessidade de implicar Bellamy, continuo a pensar que foi um gesto muito baixo e brutal de sua parte extorquir-lhe aquela quantia, obtida a pretexto de protegê-lo, após ter-se certificado cuidadosamente de que nada o protegeria.

— Isso é ir depressa demais, garanto-lhe — contrariou Callaghan com um gesto de protesto. — Mas tem de admitir que se tratou de uma jogada inteligente. Só Callaghan da Callaghan lnvestigations seria capaz de tal coisa!

Cynthis levantou-se trémula de raiva e exclamou:

— Saia daqui imediatamente, por favor! Saia, está a ouvir? Não quero vê-lo nunca mais. Mas digo-lhe uma coisa antes disso: quando me encontrar com o Sr. Gringall, tenciono contar-lhe toda a experiência que tive consigo, as mentiras, truques e logros a que recorreu relativamente às pessoas com quem contactou. Segundo me disse, não era das melhores a sua reputação na Scotland Yard; pois bem, quando ouvirem o que tenho a dizer, tal reputação tornar-se-á muitíssimo pior ainda. Não me admiraria que fosse parar à cadeia.

De lábios frementes de raiva, Cynthis postara-se diante da lareira, com um braço apoiado à cornija. Toda a sua pessoa irradiava furiosa indignação. Callaghan achou-a magnífica.

— Agora, saia, por favor — voltou a ordenar Cynthis. — Não diga mais nada. Se o fizer, chamo alguém que o expulse.

Na algibeira do lado esquerdo, Callaghan descobriu outro cigarro, acendeu-o e garantiu:

— Não o fará, minha senhora. Não o fará porque vou provar-lhe que isso seria a última coisa que Willie desejaria que fizesse.

Engoliu o fumo, continuando a fixá-la intensamente.

— Os seus sentimentos a meu respeito não são muito agradáveis — prosseguiu o investigador —, depois de Bellamy lhe ter dito coisas bastante feias sobre a minha pessoa e de Willie lhe haver telefonado e você ter descoberto que a enganei quanto ao paradeiro dele e quanto ao motivo por que não deviam encontrar-se. Talvez admita tudo isso e outras coisas mais ou talvez não. Gostaria de dizer-lhe o seguinte, porém: vejo que fez as malas e está pronta para partir. Suponho que irá ter com Willie. Talvez planeiem casar de imediato. Mas concordará comigo, por certo, se disser que, antes de o fazerem, deve ilibar-se da suspeita da autoria do homicídio.

Cynthis ergueu a cabeça num gesto de desdém, dizendo:

— Isso cabe a Willie decidir e já decidiu.

— Estou a ver — replicou Callaghan. — Decidiu casar consigo antes de o caso estar esclarecido. Bem, tudo quanto me resta dizer é que ficarei com fraca opinião a seu respeito se o fizer. Você é especialista em fazer ver a pessoas como eu como são miseráveis, mas, quando chega a sua altura de agir corretamente, não se mostra assim tão exímia.

Cynthis ficou por momentos muda de raiva. Dominou-se com dificuldade.

— Que quer dizer com isso exatamente? — inquiriu com certa relutância.

— Quero dizer que, muito provavelmente, Gringall efetuará amanhã uma detenção — esclareceu Callaghan com calma —, e que a detida será uma bela jovem, neste momento bastante zangada, que dá pelo nome de Cynthis Meraulton. Assim, afirmo que se casar com Willie enquanto pende sobre si tal acusação não é a mulher indicada para me dar lições de moral.

Cynthis fitou-o com espanto.

— Oiça — disse o detetive. — Como já lhe afirmei, aposto que Willie soube a sua morada através de Gringall. Provavelmente, Willie pensa que será presa amanhã e faz o que acha certo ao casar consigo antes disso. O tipo de gesto heroico da literatura, percebe?

Cynthis sentou-se de repente e apoiou a cabeça nas mãos. Callaghan observava-a com expressão grave.

— Garanto-lhe que não estou a enganá-la desta vez — afirmou. — Posso provar-lho. Oiça isto.

Atravessou a sala e dirigiu-se ao telefone. Virou-se e fixou-a enquanto marcava um número. Cynthis permanecia sentada na mesma postura. Callaghan aguardou que a ligação se estabelecesse, enquanto escutava o sinal regular de chamada. Seria um contratempo se nesse preciso instante Willie não estivesse em casa ou não ouvisse tocar o telefone. Foi com alívio que lhe escutou a voz.

— Fala Callaghan — disse o investigador. — Estou em Delvine Court, na companhia de Cynthis, que neste instante não simpatiza lá muito comigo. Pensa que traí todas as pessoas envolvidas no assunto, incluindo você.

Willie não respondeu e Callaghan prosseguiu:

— Disse-lhe que seria idiotice da parte de ambos casarem agora. Quanto a mim, Gringall passará à ação amanhã, exigirá de Cynthis um depoimento bastante pormenorizado e talvez chegue ao ponto de prendê-la. Já vi coisas mais estranhas.

— Eu sei — afirmou Willie em voz perturbada. — Eu sei, Callaghan — repetiu. — Mas, seja o que for que suceda, acho que devemos casar. Cynthis precisa de amigos agora mais do que nunca. Poderei demonstrar-lhe, pelo menos, que confio nela plenamente.

Callaghan endereçou ao telefone um sorriso amigável e disse:

— Compreendo. Sei como se sente neste momento. Mas o que agora me preocupa é o grau de confiança que o senhor deposita em mim. Foi um caso muito complicado desde o início e sabe que fiz o impossível para encaminhá-lo da maneira como você desejava. Afirmo-lhe que será loucura da parte de ambos iniciar seja o que for sem primeiro resolver o assunto em questão. Deixe que Gringall faça o que tem a fazer para deslindá-lo e depois casem-se todos os dias da semana e duas vezes aos domingos.

— Oiça, Callaghan — disse Willie, hesitante. — Desde que se ocupa do caso, agiu um tanto ou quanto peculiarmente em certas ocasiões, mas julgo que os seus motivos foram bastante corretos, salvo quanto ao dinheiro conseguido de Bellamy. Ele tem dito o diabo a seu respeito. Falou com Gringall e com Cynthis. Não vê que isso só piorou as coisas para ela aos olhos de Gringall? Dá a impressão de que você tudo fez, de que chegou aos maiores extremos para impedir a polícia de contactar com Cynthis. Compreendi-o e foi por esse motivo que revelei a Gringall o paradeiro dela; não seria conveniente evitá-lo por mais tempo. Casar-nos-emos amanhã de manhã; já decidimos. Aconteça o que acontecer, enfrentá-lo-emos juntos.

Callaghan fez para o telefone um aceno de cabeça de entendimento.

— Muito bem, Willie — disse. — Se já decidiram, sigam em frente. Mas aconselho-os a casarem logo pela manhã, à abertura da repartição do registo. Talvez se meta na cabeça de Gringall tomar a iniciativa ainda esta noite ou de manhã muito cedo.

Vasculhou a algibeira à procura de outro cigarro, ao mesmo tempo que continuava:

— Se pretendem prosseguir nesse rumo, o mais sensato será Cynthis ir já para sua casa. Vim de automóvel e posso levá-la. Seja como for, preciso de conversar consigo sobre um ou dois assuntos. Importa-se de dar uma palavrinha a Cynthis e dizer-lhe que confie em mim para a levar a sua casa?

— Peça-lhe para vir ao telefone — solicitou Willie, com uma leve gargalhada. — É natural que desconfie um pouco de si, Callaghan. Uma mulher apaixonada torna-se hipersensível. Acredito que tenha feito o que achou que devia fazer e dir-lhe-ei isso mesmo.

— Obrigado — agradeceu Callaghan. — Vou chamá-la.

Passou o auscultador a Cynthis, dizendo:

— Willie está ao telefone e quer falar consigo.

Dirigiu-se à lareira e postou-se diante dela a observar Cynthis, absorto em pensamentos.

Cynthis falou com Willie durante um minuto e depois desligou.

— Talvez tenha sido um pouco injusta consigo — penitenciou-se ela. — Mas é verdade quase tudo o que eu disse.

Callaghan encolheu os ombros. Sorria com expressão divertida, conquanto houvesse vislumbres de cólera no seu olhar.

— Em boa verdade, isso já pouca importância tem, não é assim? — disse o investigador. — De hoje em diante, não mais a importunarei. Willie tomará conta de si.

Dirigiu-se às bagagens, pegou no casaco de Cynthis, ajudou-a a vesti-lo e entregou-lhe as luvas. Ao fazê-lo, chegou-lhe às narinas o perfume que ela usava. Esboçou um sorriso de desaprovação. Depois pegou nas malas e seguiu à frente de Cynthis pelo corredor fora.

O velho automóvel principiou a comportar-se de maneira esquisita quando atingiram a zona de Hyde Park Corner; engasgava-se, zumbia e estrondeava. Por uma ou duas vezes, graças à dissimulada abertura do botão do ar, deu a impressão de querer parar de vez.

Cynthis Meraulton seguia calada no assento ao lado do condutor, olhando em frente sem desviar a vista. Por instinto, Callaghan adivinhou-lhe o desejo de dizer qualquer coisa e a dificuldade em exprimir-se.

Ultrapassaram os semáforos de Hyde Park Corner. Tinham de virar para Park Lane, mas Callaghan não o fez, seguindo em frente. Na escuridão, Cynthis olhou para ele.

— Não virou ali atrás — fez notar. — Deveria ter voltado para Park Lane.

Callaghan deixou escapar uma exclamação de aborrecimento, replicando:

— Pois devia. Distraí-me com os pensamentos. Não importa. Viraremos ao cimo de Down Street.

Um minuto depois, Callaghan entrava nas trevas de Down Street. A três quartos da subida existia uma ruela e, com perícia, o detetive cortou para a rua estreita, desligando o motor.

— Que se passa? — admirou-se Cynthis. — Alguma nova ideia brilhante? Outro esquema inteligente arquitetado pelo Sr. Callaghan desde que partimos? Siga para casa de Willie, por favor; senão, saio do carro.

Callaghan sorria, a mão direita ocupada dentro do bolso.

— Escute, minha senhora — disse. — Afirmei-lhe há pouco que não me agradava a ideia de vê-la casada amanhã de manhã; não me agradava nessa altura e continua a não me agradar agora. Mas como não abandona a sua estúpida obstinação, só há uma coisa a fazer que é isto...

De repente, com o braço esquerdo, Callaghan prendeu-a pelos ombros e a mão direita dirigiu-se-lhe ao rosto. Cynthis tentou desviar-se, mas não conseguiu. Constatou de modo vago o quanto ele era forte. Sentiu um odor adocicado e enjoativo. Debateu-se por instantes, para logo perder a força e descair para trás, inconsciente.

Callaghan voltou a meter na algibeira o algodão com clorofórmio. Deitou uma rápida vista de olhos à ruela e fez marcha atrás para Down Street. Cortou depois para Picadilly e desceu até ao Circus. Seguiu por Shaftesbury Avenue, Holborn, Gray's Inn Road e atingiu Hunter Street, onde parou o automóvel em frente do prédio de Darkie. Saiu, bateu à porta e Darkie surgiu decorridos instantes.

— Olá, Slim — cumprimentou. — Estava mesmo a pensar que irias aparecer por cá.

— Parece que adivinhaste — replicou o recém-chegado, sorrindo. — Está aqui mais alguém? Fred, Wilpins ou algum dos rapazes?

— Fred — informou Darkie.

— Muito bem — disse Callaghan, apontando para o automóvel. — *Miss* Meraulton está no carro. Tive de pô-la a dormir com clorofórmio. Vão buscá-la. Levem-na para dentro e diz à tua mulher que a deite por algum tempo. Quando acordar, não se sentirá muito bem.

Darkie desapareceu. Callaghan ficou à espera junto do veículo.

Callaghan encontrava-se na exígua sala de Darkie a fumar um cigarro. Tirou do bolso cento e oitenta libras em notas e entregou o maço a Darkie.

— Oitenta são para ti — disse. — Cinquenta são para os rapazes e guarda-me as cinquenta restantes. Entregar-mas-ás quando pedir.

Depois, dirigiu-se a Fred que, à luz fraca do candeeiro existente na sala e com auxílio da sua inevitável tabela de apostas, continuava a tentar adivinhar as hipóteses de um quadrúpede vencer as corridas.

— Ouve bem, Fred, não cometas nenhum erro quanto a isto — avisou Callaghan, indicando o sobrescrito onde metera o seu relatório em conjunto com a confissão de Paul Meraulton.

Consultou o relógio e prosseguiu:

— São duas horas. Fazes o seguinte: apanhas o primeiro táxi que aparecer em Gray's Inn Road e mandas seguir para a Scotland Yard. Pedes para falar com o Sr. Gringall e dizes que tens um recado meu urgente a transmitir-lhe. Só falas com Gringall, e mais ninguém. Se tiver ido para casa, pedes a morada e dizes que te ponham em contacto telefónico com o inspetor; se Gringall souber que preciso dele, aparecerá num instante. Entrega-lhe então o sobrescrito. Se, por um acaso imprevisível, alguma coisa impedir Gringall de aparecer, dás o sobrescrito ao sargento-detetive Fields, e dizes-lhe que o abra. Depois podes ir para casa dormir.

— Muito bem — disse Fred, tomando posse do sobrescrito.

Pegou no chapéu e saiu.

Darkie meteu entre os lábios o cigarro que trazia entalado atrás da orelha. Fixou Callaghan com ar grave e perguntou:

— Como vão as coisas, Slim? Tudo corre bem?

— Sabê-lo-emos dentro em breve — replicou o detetive com um sorriso.

— E que fazemos com a rapariga? — inquiriu Darkie. — A patroa quer saber o que lhe diremos quando acordar da dose que lhe deste Possivelmente, ficará com ressaca.

Callaghan abanou a cabeça, afirmando:

— Quando readquirir consciência, dormirá durante algum tempo. Não têm de se preocupar. Outra coisa: é provável que Gringall não tarde a aparecer por aqui.

Darkie ergueu o sobrolho e exclamou com um sorriso:

— O quê? Aparecer por cá a maldita polícia! Vou preparar a passadeira vermelha para recebê-los. Que lhes digo quando chegarem, Slim?

Callaghan lançou para a lareira o resto do cigarro e serviu-se de outro logo de seguida. Acendeu-o e pegou no chapéu.

— Quando Gringall aparecer — disse em voz lenta —, dá-lhe os meus cumprimentos. Ele perceberá. Até depois, Darkie.

Virou costas e saiu da sala. Darkie ouviu a porta da rua fechar-se de mansinho e ficou por instantes a coçar a cabeça.

No cruzamento de Gray's Inn Road, Callaghan dirigiu-se à cabina telefónica existente no local e marcou o número de Willie Meraulton.

Tinha no rosto um ligeiro sorriso peculiar que lhe exibia a dentadura branca. Willie aparecia na linha instantes depois.

— Escute, Willie — disse Callaghan. — Receio ter sido obrigado a decidir de novo segundo o meu próprio critério. Lamento, mas achei necessário fazê-lo. Cynthis está em casa de pessoas amigas. Decidiu falar com Gringall antes do casamento. Pensou que não procederia corretamente consigo se casasse enquanto continuava suspeita de homicídio. Mas isso não é o mais importante. O principal é o facto de o testamento de seu tio não ter o mínimo interesse, não valer absolutamente nada. Posteriormente, August Meraulton redigiu um outro. Fê-lo no próprio dia em que foi assassinado, talvez à tarde.

E foi muito esperto. Tirou duas cópias e assinou ambas; terá receado que alguém desencaminhasse uma delas, suponho eu. Ora, uma desapareceu de facto, mas, quanto a isso, tive sorte pois encontrei o duplicado. Tenho-o no bolso neste instante. Está dentro de um sobrescrito selado, onde ele redigiu pelo seu próprio punho a frase «duplicado assinado do último testamento de August Meraulton».

Callaghan fez uma pausa para chupar com força o cigarro e depois prosseguiu, expelindo fumo pelas narinas:

— Acho que o senhor deve tomar posse do referido duplicado, pois é a pessoa a quem August o entregaria. Quer ir buscá-lo ao meu escritório de Chancery Lane?

Houve uma pausa um tanto prolongada. Por fim, Willie inquiriu:

— A que horas lá estará?

— Às três em ponto — afirmou o detetive. — Até já, Willie — concluiu antes de desligar.

Capítulo 13
Paul e Jeremy saem de cena

O sargento-detetive «Lucy» Fields pôs a mão em frente da boca, esperando que Gringall o não visse bocejar; o chefe não gostava de pessoas que se cansassem facilmente.

Enquanto mordiscava a ponta do lápis, Fields olhou para a folha do bloco de notas oficial, colocado à sua frente na extremidade da espaçosa secretária de Gringall. No cimo da página, figurava o seguinte título: «Jeremy Meraulton. Detido. Conluio fraudulento. Depoimento a ser examinado.»

Um assunto dos diabos, o caso Meraulton, comentou para si próprio. Nada acontecera até essa altura e, de repente, tudo sucedia ao mesmo tempo. Interrogou-se sobre o quanto Gringall saberia do assunto e em que medida simularia ignorar-lhe os pormenores. Jigger era um tipo muito esperto, pensou Fields.

Jeremy Meraulton encontrava-se em frente da secretária de Gringall, sob vigilância de um agente-detetive. Os braços, terminados por mãos muito grandes, pendiam-lhe ao longo do corpo. Cruzavam--lhe o cérebro pensamentos derrotistas. Apercebeu-se por instantes do silêncio extraordinário do ambiente, mas depois recordou-se das horas: às tantas da madrugada e naquele remoto gabinete da Scotland Yard tinha forçosamente de imperar o silêncio.

Fora uma estupidez regressar ao Noughts and Crosses Club a pensar na eventualidade de aí encontrar Mayola. Com amargura, concluiu que nunca o teria feito se Callaghan lho não houvesse sugerido: «Se eu fosse você, procedia discretamente e ia conferenciar com a sua amiga Mayola sobre a resolução a tomar...» Ecoavam-lhe ainda aos ouvidos essas palavras de Callaghan. Como verdadeiro imbecil, fizera precisamente o que o detetive alvitrara, caindo na esparrela como um coelho assustado.

Com uma sensação de impotência a aumentar a cada segundo decorrido, Jeremy principiava a aperceber-se rapidamente do facto de Callaghan ser um indivíduo muito mais inteligente do que imaginara: não só apreendia de imediato os factos, como possuía também certa dose de coragem. Recordou-se do espancamento no Show Down. Tinha fibra para resistir a tal provação e demonstrara-o. Por causa de Callaghan, chegara agora o momento de ele próprio, Jeremy Meraulton, ser posto à prova.

E teria sido tão fácil escapar! Tê-lo-ia conseguido não fora a asneira de debater o assunto com Mayola que, provavelmente, ouviria o relato com um leve sorriso nos lábios! Contudo, Callaghan sugerira--lhe esse passo e ele caíra como um patinho! «Maldito Callaghan!» pensou, Jeremy, mordendo os lábios.

— De acordo com instruções recebidas do inspetor Myse, de Vine Street — principiou o agente que guardava o preso —, telefonei a informar o polícia de serviço noturno na Scotland Yard de que uma chamada anónima recebida na esquadra de Vine Street sugerira a possibilidade de Jeremy Meraulton comparecer no Noughts and Crosses Club para contactar com uma senhora que dá pelo nome de Mayola Ferrival, dado este que teria interesse para o Sr. Gringall. Segundo o informador anónimo, o Sr. Gringall estaria também interessado em certas informações que o Sr. Jeremy Meraulton poderia prestar-lhe sobre quatro antigas firmas reativadas pelo Sr. Paul Meraulton no propósito de obterem fraudulentamente dinheiro da Meraulton Estates and Trust Company. O tal informador disse ainda pensar que o Sr. Jeremy Meraulton procuraria sair do país de imediato, o que não seria do agrado do Sr. Gringall, visto o assunto se relacionar com as investigações relativas ao caso do homicídio de August Meraulton.

Depois de curta pausa, o agente-detetive prosseguiu:

— Em seguida, o inspetor Myse deu-me instruções para ir de imediato ao Noughts and Crosses Club e contactar com o Sr. Jeremy Meraulton, se acaso lá estivesse. Foi o que fiz. Identifiquei-me perante este senhor e pedi-lhe que me acompanhasse à Scotland Yard, pois o inspetor-detetive Gringall desejava fazer-lhe algumas perguntas. «Maldito Callaghan! E ele o responsável por isto», disse o Sr. Jeremy Meraulton. Depois, dirigindo-se a *Miss* Ferrival, acrescentou: «Estou arrumado. O maldito Callaghan obrigou Paul a falar. Paul safou-se enquanto eu fui apanhado».

»Conduzi o Sr. Meraulton a Vine Street e, de acordo com outras instruções recebidas, dirigi-me de imediato aos apartamentos Melleville, em Glasbury Street, acompanhado do Detetive Feris, onde encontrámos o Sr. Paul Meraulton a fazer as malas. Informei esse senhor da existência, na Scotland Yard, de um mandado de captura sob a acusação de conluio fraudulento. Revistei-o e verifiquei que tinha com ele mil libras em notas. Conduzi-o depois à Scotland Yard.

— São estes os factos — concluiu Gringall, olhando para Jeremy.

Acendeu o cachimbo com gestos cuidadosos e prosseguiu:

— Eu, no seu caso, Sr. Meraulton, facilitaria as coisas o mais possível. Talvez possa esclarecer-me um ou dois pequenos pormenores. Se o fizer, tanto melhor para si. Se não puder ou não quiser fazê-lo...

Gringall encolheu os ombros a acompanhar as reticências.

Jeremy permaneceu calado.

— Esta tarde — esclareceu Gringall —, um certo Sr. Rupert Patrick Callaghan, mais conhecido por Slim Callaghan, forneceu-me os números de série de algumas notas de banco. Descobrimos que vários desses números coincidem com os das notas na posse do Sr. Paul Meraulton quando foi revistado. Tem alguma explicação para isto?

— Uma explicação bastante fácil — retorquiu Jeremy com um sorriso. — Perfeitamente simples. Callaghan disse-me esta noite que Paul tinha dado com a língua nos dentes e redigido uma confissão. Suponho que Callaghan lhe pagou para fazê-lo. Tem certa piada verificar que Callaghan recebeu de mim parte desse dinheiro — rematou Jeremy, perdendo o sorriso.

Foi a vez de Gringall sorrir.

— Não só de si — afirmou —, mas também de *Miss* Meraulton e dos senhores Willie e Belamy Meraulton.

O sorriso do inspetor acentuou-se ao prosseguir:

— Com efeito, dir-se-á que Slim Callaghan andou a recolher fundos dos membros da família Meraulton no intuito de comprar a confissão de Paul Meraulton.

Gringall deu uma chupadela no cachimbo e disse:

— Paul foi um idiota. Se tivesse calado a boca por mais algum tempo, talvez enfrentasse apenas uma única acusação em vez de duas.

Soprou para o ar uma argola de fumo perfeita e concluiu:

— Começo a acreditar que Callaghan seja mais inteligente do que parece à primeira vista.

— Suponho que tenha sido Callaghan quem telefonou à polícia — proferiu Jeremy com amargura. — Denunciou Paul, tal como fez comigo.

— Não foi ele — negou Gringall. — Callaghan sabia ser desnecessário fazê-lo. Talvez adivinhasse que tínhamos posto Paul sob vigilância logo que descobrimos as empresas. Uma coisa aprecio em Callaghan — continuou o inspetor com jovialidade. — Sabe que existe na Scotland Yard gente inteligente, facto muito reconfortante numa altura em que a maioria das pessoas parece crer que acima do pescoço somos feitos de pedra bruta.

— Callaghan é um verdadeiro herói! — ironizou Jeremy. — Mas talvez eu lhe transtorne os planos. Talvez lhe interesse saber que foi Callaghan quem esteve na morgue de Ensell Street para roubar o testamento... redigido no papel de cópia amarelo... do cadáver de meu tio. Ele mesmo mo confessou esta noite.

— Já sabia disso — afirmou Gringall, abanando a cabeça com ar grave. — Mas visto que fala com tamanha franqueza, Sr. Meraulton, não quererá informar-me onde se encontra esse testamento? Isto é, se o senhor souber do seu paradeiro.

— Não sei — garantiu Jeremy. — Não sei nem me interessa. Talvez Callaghan o destruísse. Talvez alguém lhe tenha pagado para fazê-lo.

Gringall arvorou um ar de surpresa.

— Por que motivo haveria de destruí-lo? — inquiriu. — E, já que falamos no assunto, Sr. Meraulton, quem pensa que seja a pessoa mais interessada em destruí-lo? Eu diria que tal pessoa é o assassino de August Meraulton ou o seu cúmplice.

Durante um minuto, Jeremy manteve-se em silêncio, ao aperceber-se de que já falara demais.

— Como hei de saber por que motivo quereria ele destruí-lo? — disse por fim. — Como adivinhar o que Callaghan pretende ou não fazer? Prefiro meter-me no que me diz respeito.

Gringall fez um aceno de concordância. Abriu a gaveta da secretária e tirou dela um documento.

— Jeremy Fane Gresley Meraulton — disse —, tenho aqui um mandato de captura em seu nome sob a acusação de conluio fraudulento contra a Meraulton Estates and Trust Company. Devo informá-lo de que parte do dinheiro encontrado esta noite na posse de seu irmão Paul, preso sob idêntica acusação, é dinheiro em notas de banco originalmente obtidas da Meraulton Estates and Trust Company por meios fraudulentos, e entregues por si a Rupert Patrick Callaghan, mais conhecido por Slim Callaghan, em pagamento daquilo que por certo sabe. Previno-o de que tudo quanto disser poderá ser utilizado como prova contra si.

Jeremy não respondeu.

— Levem o preso — ordenou o inspetor.

Enquanto mexia o café, Fields disse:

— Suponho que Callaghan esteja da posse dessa confissão. Que irá fazer com ela?

— Depois se verá — replicou Gringall com um sorriso. — Mais tarde ou mais cedo, Callaghan há de aparecer por aqui.

— O senhor tem um certo fraco por Callaghan — comentou Fields, devolvendo o sorriso ao chefe. — Qual será o jogo dele?

Que lhe terá acontecido de repente para nos contemplar com alguns mimos de primeira escolha?

Gringall fez um aceno afirmativo.

— Também me interrogo a esse respeito — confessou. — Mas tenho cá uma ideia quanto a Callaghan. Seria extremamente divertido que ele pensasse que o álibi de Cynthis que nos impingiu torne as coisas mais feias, corroborando outros elementos de prova contra ela. Seria bastante cómico que Callaghan estivesse apaixonado pela rapariga. Segundo consta, Cynthis é aquilo a que vulgarmente se chama um borrachinho. Talvez ele ande a fazer tudo isto simplesmente para ilibá-la. Seja como for — rematou Gringall —, penso que Slim tem ainda muita coisa escondida na manga. É esperto como o diabo!

Fields concordou com um aceno de cabeça:

— Mesmo assim, e se ele tiver a confissão? O senhor sabe que os Meraulton andaram a defraudar o velhote, sabe-o há muito tempo. Onde nos leva isso, porém? Quanto ao homicídio, quero dizer.

— Usa os miolos, Fields — retorquiu Gringall, tornando a encher o cachimbo. — Não conheces o velho ditado que diz «zangam-se as comadres, descobrem-se as verdades»? Segundo parece, Callaghan ouviu falar dele. Não há provas quanto ao homicídio. De todos os casos de que me ocupei, nenhum teve menos provas do que este. Passemo-lo em revista: August Meraulton marcou encontro com alguém no escritório, entre as dez e quinze e as onze da noite. Desconhecemos se chegou a ir lá. Tudo quanto se sabe é que houve algum tumulto e que as portas, tanto a do escritório como a da rua, ficaram abertas. O velho recebeu um tiro na cabeça disparado a curta distância. Isso deu-se no local onde foi encontrado o corpo ou então removeram-no para lá depois...

»Sabemos também que Cynthis Meraulton foi ao escritório de Lincoln's Inn Fields às onze horas, pois Bellamy viu-a; contudo, só às onze menos um quarto tirou o carro da garagem. É certo, claro, que pode ter matado o padrasto cerca das dez e vinte e cinco, o que lhe daria tempo para regressar à garagem e voltar de automóvel a Lincoln's Inn Fields, de modo a munir-se de um álibi inteligente.

»No entanto, não pudemos apanhar Cynthis e obter dela qualquer esclarecimento... isto é, não podíamos, de início. Isto porque Callaghan a escondeu. A princípio, fiquei-lhe com raiva por tal motivo, mas agora estou-lhe grato, pois tenho a certeza de que tudo quanto Cynthis porventura dissesse só complicaria o caso. Callaghan terá pensado talvez que ela pudesse falar de menos ou de mais. Quis ganhar tempo e sabia que a encontraríamos se acaso o desejássemos.

»Seja como for, não temos provas nenhumas; só dispomos de conjeturas. Não há provas diretas nem acessórias. Sabemos que Cynthis discutiu com o padrasto; porém, quase todas as pessoas que com ele contactaram o fizeram igualmente. O pior que existe contra ela é o facto de Callaghan ter mentido deliberadamente acerca da hora em que esteve no seu escritório. Callaghan mentiu com o maior desplante e Effie Perkins falou verdade. Sei-o e Callaghan também. Mas isso nada significa. De pouco serve conhecermos os passos de Cynthis depois das onze horas, se não soubermos o que fez entre as dez e as dez e quarenta e cinco. A criada também ignora esses pormenores. Estava ocupada na cozinha e desconhece a que horas a patroa saiu. Portanto, adeus Cynthis !

»Em determinada altura, julgámos ter algo contra Bellamy, mas esse algo era tão falso como Judas. Foi tudo simulado; por Callaghan, uma vez mais. Ao fazê-lo, ganhava tempo para arquitetar um esquema ou para fazer qualquer coisa, sabe Deus o quê! Bellamy, porém, só chegou a Lincoln's Inn Fields próximo das onze horas, tendo lá permanecido apenas por um ou dois minutos. Assim, adeus Bellamy também!

»Todos os outros possuem álibis. Estavam com Willie no clube, a tentar convencê-lo a dar-lhes dinheiro. Reuniram-se numa sala com porta para a rua e pode conjeturar-se que um deles tenha saído, matado o velho e regressado. Se todos eles jurarem que permaneceram juntos, porém, são as provas que contam e não é possível refutá-las com simples teorias.

»Nada conseguimos provar. Meia dúzia de pessoas odiava o velho Meraulton, Bellamy em particular. Cynthis zangou-se com ele pouco tempo antes. Há mais uns tantos pormenores que podemos evocar, mas, quanto a provas, nicles! E Callaghan sabe-o.

— Callaghan... — estranhou Fields, que ergueu o sobrolho interrogativamente.

Fitando-o com ar pesaroso, Gringall exclamou:

— Ainda não percebeste?! Lembra-te do provérbio que há pouco citei: «Zangam-se as comadres...» Não compreendes que Callaghan tem manobrado os Meraulton de tal maneira e com tanto êxito que qualquer um deles procurará salvar a pele a expensas dos outros? Quando Bellamy se viu apertado, denunciou Cynthis por pensar que ela fez o mesmo em relação a ele. Paul, ao ser encurralado, redigiu a confissão que nos dará que pensar ao lê-la. E agora Jeremy... que talvez se disponha a falar amanhã.

Gringall terminou o café e Fields poisou o lápis.

— Compreendo tudo isso — afirmou ele. — Mas há uma coisa que continuo a não entender: onde é que Callaghan se encaixa em tudo isto? Que pretende ele? Que pensa fazer de seguida?

Jigger deixou de chupar cachimbo e fitou o subalterno com um amplo sorriso.

— Que sei eu! — retorquiu. — Só Deus sabe e mais ninguém. Mas, seja o que for que ele tenha feito ou faça, aposto um mês de ordenado em como tirará proveito disso. Entretanto, manda vir mais café — acrescentou.

Gringall acabara de esgotar a terceira chávena de café quando retiniu a campainha do telefone colocado sobre a secretária; avisavam-no de que um certo Fred Mazin pretendia falar-lhe sobre um assunto relacionado com o caso Meraulton. Cinco minutos depois, Gringall abria o sobrescrito que continha o relatório de Callaghan. Quando Mazin partiu, o inspetor do departamento de investigação criminal leu com cuidado a confissão feita por Paul Meraulton, passando-a depois a Fields.

— Isto esclarece as coisas — comentou. — Sempre esperei que Callaghan nos presenteasse hoje à noite com algo de espetacular. Vejamos o material restante.

Estendeu o braço para puxar para si a luz da secretária e, ao fazê-lo, mais por força de hábito do que por qualquer outro motivo, consultou o relógio de pulso: eram duas e quarenta e cinco da madrugada.

Gringall instalou-se e iniciou a leitura:

Meu Caro Gringall,

É pouco frequente ter o prazer de me dirigir a elementos do Departamento de Investigação Criminal e, assim, tiro disto uma certa satisfação.

Talvez você saiba tanto como eu ou talvez não; julgo que não saberá. Seja como for, tomo a liberdade de fornecer-lhe algumas indicações sobre o caso Meraulton. Explico também por que motivo segui determinada linha de rumo neste assunto e se, quando terminar a leitura, tiver vontade de rir às gargalhadas pelo facto de me ter tornado sentimental com a idade vamos, ria, não faça cerimónia!

Tal como aconteceu comigo, por certo que o impressionou com a mesma força a ausência de provas concretas e palpáveis no caso Meraulton, de provas dotadas de significado. Nem sequer existem provas acessórias que valham um centavo e, quando a polícia nem disso dispõe, dá a impressão de que as perspetivas não são muito animadoras, não é assim? A meu ver, e será provavelmente esta também a sua opinião, quem quer que assassinou August Meraulton propôs-se agir de maneira a não ser descoberto. Se tiver sorte, não será apanhado nem mesmo agora, visto ter inteligência suficiente para compreender os seguintes factos de realce: em primeiro lugar, não existindo motivo para o crime, a polícia não pode tomar medidas definitivas contra ninguém sem se expor a um bom par de pontapés no rabo, caso erre; e, em segundo lugar, quando há duas ou três pessoas suspeitas de homicídio que, obviamente, não agiram de acordo com um esquema entre elas concertado, então, sem sombra de dúvida, as provas (se as houver) contra uma dessas pessoas serão anuladas pelas provas (se existirem) contra as outras. Deste modo, o remate do caso é o seguinte: muito embora a polícia tenha, porventura, enormes suspeitas relativamente a esta ou aquela pessoa, não possui suficientes provas cabais de qualquer espécie para proceder a uma detenção. E o nosso criminoso sabe-o.

Eis a sua posição neste instante: completamente manietado! E é aqui que eu entro em cena, porque, ao não pertencer à polícia, se acaso tiver suspeitas poderei criar as circunstâncias que as corroborem ou que, pelo contrário, as dissipem. Tenho em curso uma determinada ação que lhe fará crescer água na boca. Pus-me em campo para obter uma confissão do assassino dentro das melhores regras da honestidade; como um pouco de sorte, obtê-la-ei.

Eis alguns dados que quero que sejam do seu conhecimento: no caso presente, todas as provas aparentes apontam para Cynthis Meraulton como autora do crime: a presença em Lincoln's Inn Fields à hora (um cálculo bastante por alto) em que August Meraulton foi assassinado, o conhecimento de que ele aí estaria e a discussão com o padrasto quando procurou impedi-la de casar com Willie e também a propósito da maneira como o velho tratara mãe dela.

Mas o dado mais relevante é o de Cynthis ter ido, de facto, falar comigo. Fê-lo porque Fingal disse a Willie ser eu o tipo de pessoa capaz de socorrê-la se alguém pretendesse incriminá-la. Pense nisso.

Provavelmente, desejará saber por que motivo coloquei aquele chapéu manchado de sangue em casa de Bellamy. Para ganhar tempo, pensará talvez. Se deduziu isso, tem razão, mas apenas em parte. Fi-lo também a fim de se encaixar na sequência lógica do esquema que planeei seguir. Note: Cynthis Meraulton tornara-se suspeita devido à presença em Lincoln's Inn Fields e, por conseguinte, seria lógico suspeitar de Bellamy por também lá ter estado. Para mim, o ponto de interesse era o motivo da presença deste último no local. Talvez você lhe tenha feito a pergunta quando o deteve por posse de estupefacientes e Bellamy ter-lhe-á porventura revelado esse motivo. Se o não fez, porém, talvez eu possa fazê-lo. Aposto seja o que for em como Jeremy o induziu a isso para verificar se August Meraulton ia de facto ao escritório às onze horas; foi lá com esse intuito.

Ambos sabemos que August Meraulton chegou a Lincoln's Inn Fields muito mais cedo, tendo sido inútil a vigilância de Bellamy quando faltariam apenas uns três minutos para as onze. Foi infrutífera a espera pelo aparecimento do velhote, pois já estivera no escritório antes disso.

MAS BELLAMY DESCONHECIA TAL FACTO. JULGAVA QUE O TIO IA AO ESCRITÓRIO ÀS ONZE HORAS OU UM POUCO DEPOIS.

Por que motivo assim pensou? Medite no assunto e veja onde ele o conduz.

Talvez se interrogue por que razão recebi as duzentas libras de Bellamy depois de forjar provas que o levariam à cadeia. Se Fields examinou os números das notas, concedo-lhe o prazo desta tarde para responder por si próprio à pergunta.

Avistei-me com Eulalie Gallicot e montei toda aquela encenação por saber que Bellamy fora a casa dela depois de deixar Lincoln's Inn Fields. Quis verificar se alguém a aconselhara a mentir sobre a hora da chegada do amante DE MODO A LANÇAR SOBRE ELE NOVAS SUSPEITAS. Como compreenderá, foi mera sorte sua haver descoberto dois motoristas de táxi que lhe forneceram as horas exatas a que transportaram o cliente, o que o convenceu a si da inocência de Bellamy no homicídio.

A meu pedido, Eulalie concordou em mentir quanto à hora de chegada de Bellamy, por supor que eu trabalhasse para a pessoa que a aconselhara, por intermédio de Beldoces, o marido, a agir da mesma maneira. Só mais tarde Eulalie se apercebeu do erro, equívoco que não tinha a mínima importância, aliás. Ora, de onde provieram as referidas instruções originais?

Eis um outro ponto de interesse: intrigou-me a razão por que você enviou um carro-patrulha precisamente ao local e à hora certa, na tarde em que fui visitar Bellamy e coloquei o chapéu em casa dele. Garantiu-me ter sido reconhecido por um polícia de giro, mas não engoli a mentira; eu tinha-me deslocado num táxi fechado. Compreendi que sabia de antemão onde encontrar-me porque alguém (um anónimo, aposto) telefonara para a Yard a informá-lo. Quem pensa que foi? Será capaz de adivinhar? Só uma pessoa poderia tê-lo feito.

Um outro indicativo é o facto de Paul Meraulton ter fundado aquelas empresas-fantoche. Sabemos como se encaixam no assunto em causa. Foram criadas por ele com a finalidade de permitir aos quatro Meraulton apanhar dinheiro à Estates and Trust Company sem conhecimento de August Meraulton. Trata-se de um dado deveras interessante, mas não tanto como o facto de alguém ser suficientemente esperto para compreender que as somas seriam mais tarde repostas. Se dedicar ao assunto a sua inteligência (não estou a fazer pouco; penso que é de facto inteligente), talvez partindo do tema de COMO SERÁ REPOSTO O REFERIDO DINHEIRO, então dará outro passo em direção ao criminoso.

Após ter conversado com Cynthis Meraulton várias vezes, fiquei mais do que certo de seguir no bom caminho. Tenho excelente memória para registar conversas. A princípio, nos primeiros contactos que tive com ela, defini-a quer como rematada mentirosa (acreditei nisso com relutância) quer como alguém que, de maneira inocente, representava um papel que lhe fora destinado desde início.

Claro que, quando Cynthis foi visitar-me ao escritório pela primeira vez, pensei que tivesse assassinado o padrasto. Procurei arranjar-lhe um falso álibi, a coisa mais estúpida que fiz em toda a minha vida. Effie Perkins desconhecia que nos estava a pregar uma boa partida, tanto a mim como a si, ao informá-lo da verdadeira hora da chegada e da partida de Cynthis. Quanto a isso, sinto-me bastante grato a Effie e, se alguma vez nos virmos de novo, oferecer-lhe-ei um belo ramo de rosas ou um molho de silvas, como preferir.

Disse a Cynthis que pensava que Bellamy fosse o assassino não por acreditar nisso, mas sim para ver se ficava surpreendida ou se tinha tendência para suspeitar dele. Não se mostrou admirada e, por isso, compreendi que alguém ou alguma coisa contribuíra para induzi-la a chegar a tal conclusão; para mim, essa circunstância teve um certo significado.

Outro ponto interessante: Arnault Beldoces é casado com Eulalie Gallicot. Essa é (ou foi) amante de Bellamy. Beldoces tem fornecido as drogas a este último. Foi ele quem instruiu Eulalie no sentido de mentir à polícia acerca da hora de chegada de Bellamy. Mantém contactos com os outros Meraulton, que frequentam os seus cabarés. Beldoces é o género de homem incapaz de fazer seja o que for por alguém, a não ser que ganhe bastante com isso. Sabemos, contudo, que os Meraulton não têm dinheiro; andam sempre aflitos com falta de fundos. Outro ponto a considerar.

Admito que, quanto a certo pormenor, o mantive a si às escuras e falar-lhe-ei agora dele abertamente: você revistou o apartamento de Cynthis Meraulton, mas nada descobriu; a busca não terá sido muito minuciosa? Estive lá também depois. Procurei com cuidado e descobri uma bala 22, caída de uma caixa de munições guardada numa gaveta do quarto. A caixa estava lá, mas você não a viu. Willie Meraulton teve mais sorte e encontrou-a. Foi lá antes de mim e levou-a com ele. Ao fazê-lo, uma das balas caiu da embalagem.

Deduzirá disto que, nessa altura, Willie concluiu que a polícia se preparava para deter Cynthis e que quis assegurar-se de que não achariam provas importantes contra ela. Tenho comigo a bala e, se for possível, deixá-lo-ei dar-lhe uma vista de olhos. Falemos agora de Jeremy. Como muito bem sabe, fui eu o misterioso desconhecido que esteve na morgue de Ensell Street e se apoderou do testamento guardado na caixa do relógio de August Meraulton. Escrevi a mim mesmo uma carta em nome de um pretenso Sammy the Sheik declarando possuir o referido testamento e estar disposto a vendê-lo. Transmiti a carta a Jeremy por intermédio de Mayola e ele deu-se ao incómodo de me espancar primeiro, para depois me pagar uma boa maquia para deitar mão ao testamento. Esta maneira de agir elucidou-me sem a menor dúvida acerca de Jeremy.

A minha diligência seguinte é a de falar com Paul para ver se ele tenciona ficar no país e fazer face aos acontecimentos ou se, quando descobrir que estou a par do negócio das firmas, aceita as mil libras obtidas dos Meraulton. Ao certificar-me disso, marcarei outro ponto a favor ou contra o criminoso. Se for bem sucedido com Paul, tentarei extrair dele uma confissão, que lhe enviarei em conjunto com estas notas.

Suponho, Jigger, que gostará de saber por que motivo arquitetei tais planos e por que razão estou disposto a correr os perigos que vou enfrentar dentro em breve, se tudo se passar como espero. Acho que talvez tenha infringido a lei uma meia dúzia de vezes. Fi-lo no passado de maneira ocasional (recorda-se da nossa conversa sobre os falsos álibis de certos casos anteriores?) e expus-me a uma dúzia de acusações de um ou de outro género.

Bem, trata-se da velha história de CHERCHEZ LA FEMME*! Durante a vida, conheci muitas mulheres, mas nenhuma como Cynthis Meraulton. Certa vez, disse a Cynthis que iria até ao Inferno por ela, o mais engraçado é que julgou tratar-se de outra mentira minha; são assim as mulheres!*

Sou um homem que nunca se deu ao trabalho de olhar para dentro de si próprio; talvez não tenha tido tempo ou tendência para isso. Mas o caso Meraulton teve o mérito de fazer-me ver o quanto estou farto deste jogo e de me ensinar que há algo de positivo em ser um modesto escriturário que ganha apenas duas libras semanais, mas que ao fim da semana sabe que dispõe dessa quantia.

Há ainda outra coisa que porventura se afirmará de quem exerce uma profissão como a minha: se conhecemos uma mulher por quem nos apaixonámos, podemos imaginar que temos hipóteses de conquistá-la, mesmo que isso não passe de sonho. Mas, em boa verdade, no meu género de trabalho, nem sequer temos o direito de sonhar. Imagine-se um homem como Slim Callaghan a iludir-se com fantasias a respeito de uma mulher como Cynthis Meraulton!

Basta de lamentações, porém! Peço-lhe que se concentre nos tópicos contidos nas minhas notas. Eis o que me proponho fazer a seguir e o que lhe rogo que faça...

Gringall continuou a ler ainda por mais algum tempo. Depois, com uma exclamação, meteu os papéis na gaveta da secretária. Fields, que estivera a observá-lo, levantou-se.

— Liga lá para baixo e diz que tenham um carro-patrulha pronto à entrada — ordenou Gringall.

— Vamos ao escritório de Callaghan, em Chancery Lane, e depressa.

Pegou no chapéu e dirigiu-se a correr para a porta. Olhou o relógio; eram três horas e dez minutos.

Capítulo 14
Fala o carrasco...

Às três menos um quarto, Callaghan, tossindo, subia as escadas do escritório. Como sempre, dizia a si mesmo que necessitava de reduzir o consumo de cigarros. Depois, quase simultaneamente, pensou que talvez pouca importância tivesse já tal redução e a ideia pareceu diverti-lo.

No gabinete exterior, Callaghan acendeu a luz e fechou a porta à chave. Depois, dirigiu-se ao seu gabinete e, às escuras, pendurou o chapéu e o casaco, ligou o candeeiro da secretária e deixou-se cair na cadeira.

Por instantes, permaneceu sentado, a meditar. Em seguida, abriu a gaveta e tirou dela um sobrescrito comprido. Foi ao outro gabinete, olhou em redor e encontrou o que procurava, um exemplar do *Evening Post* lá deixado por Fred Mazin. Destacou do jornal as duas páginas exteriores, dobrou-as com cuidado e meteu-as no sobrescrito, escrevendo nele: «Minha última vontade e testamento, August Meraulton.» A caligrafia era meio garatujada e assemelhava-se à do morto. Colou o sobrescrito e pô-lo na gaveta superior da secretária.

Depois, abriu a última gaveta do móvel, retirou a pistola *Luger,* mirou-a por instantes com ar penalizado e voltou a fechá-la à chave no sítio onde a guardava. Era quase cómica a sua expressão de desânimo.

Levantou-se, dirigiu-se ao armário colocado num dos cantos, tirou dele uma pesada caixa de madeira semelhante a uma pasta diplomática e foi pô-la no canto oposto, à direita da secretária. Andou de um lado para o outro durante momentos, indo depois sentar-se novamente à secretária.

Tirou do bolso o maço de *Player's* e verificou restarem-lhe apenas três cigarros. Acendeu um deles e colocou os outros sobre o tampo, à mão de semear.

Ajeitou a luz da secretária, pegou numa folha de papel de carta e começou a escrever a Cynthis uma curta missiva. Ao terminar, leu o texto com atenção e surgiu-lhe no rosto um tímido sorriso. Em seguida, rasgou o papel em mil pedaços e deitou-os no cesto do lixo.

Bateram à porta exterior do outro gabinete. Callaghan foi abrir e Willie Meraulton surgiu no limiar. Teve um sorriso breve ao ver o detetive e tirou da boca o cachimbo que trazia entalado entre os dentes. Callaghan notou-lhe a expressão preocupada.

— Ainda bem que é pontual — comentou o detetive. — Tenho de falar consigo acerca de dois ou três assuntos a esclarecer antes da manhã, pois parece-me que as coisas vão finalmente acontecer.

Willie, com ar grave, fez um sinal de assentimento e voltou a meter o cachimbo na boca. Callaghan fechou a porta exterior e conduziu o visitante ao seu gabinete. Junto da porta de comunicação entre as duas salas, convidou-o a passar primeiro e fechou a porta de mansinho.

Willie Meraulton instalou-se na cadeira em frente da secretária. Callaghan deitou fora a ponta do cigarro e apoderou-se de um ou dois restantes. Acendeu-o e foi encostar-se à parede, na sua postura favorita. Willie sacudiu o cachimbo contra a palma da mão. Depois levantou-se para deitar a cinza no cesto do lixo.

— Demonstrou grande inteligência, Callaghan — elogiou, sem fitar o detetive —, ao descobrir esse outro testamento que, segundo diz, o meu tio redigiu no dia em que foi assassinado. Tem a certeza de que assim é? Não há possibilidade de engano?

— Há sempre possibilidade de enganos — replicou Callaghan com um encolher de ombros. — A vida não teria nem metade do interesse se as pessoas não errassem. Acho, porém, que tal não aconteceu desta vez.

Willie voltou a sentar-se e começou a encher o cachimbo. Ao observar a segurança dos dedos que comprimiam o tabaco dentro do fornilho do cachimbo, Callaghan sentiu-se tomado de súbito por um curioso sentimento de admiração pela frieza demonstrada por Willie. Sem dúvida que tinha genica!

O detetive afastou-se da parede e sentou-se à secretária. A lâmpada do candeeiro iluminava-lhe o tampo, deixando na obscuridade o rosto dos dois homens.

— Quero que saiba uma coisa, Willie — disse Callaghan. — Por certo que leu nos jornais a notícia do tipo que foi visto nas imediações de Ensell Street na noite da morte do seu tio. Ora, esse homem roubou o testamento que August trazia na caixa do relógio.

Willie manifestou-se surpreso.

— Que extraordinário! — exclamou. — Então o crime não teve por único objetivo apoderarem-se do documento? Se o assassino não o levou, então é a mesma pessoa que foi roubá-lo à morgue. Provavelmente, não conseguiu apoderar-se do documento na altura em que matou August e teve de fazer nova tentativa nesse sentido. Não terá tido oportunidade de tirar-lho na primeira ocasião.

Callaghan abanou a cabeça em sinal de negativa.

— Isso não serve — contrariou ele. — Fui eu quem roubou o testamento, quem foi à morgue tirá-lo para dar uma vista de olhos ao seu conteúdo.

Willie abriu os olhos de espanto.

— Não consigo entendê-lo, Callaghan — observou. — Onde está esse testamento? Que lhe fez?

O detetive reclinou-se no assento. Principiava a divertir-se com a situação.

— Vendi-o a Jeremy — declarou. — Vendi-lho e ganhei quatrocentas libras. Queimou-o na minha presença, aqui no escritório.

— Fez o quê?! — exclamou Willie. — Deve estar doido! Isso foi um crime! Qual o teor do testamento?

— Oh, isso... — disse Callaghan em tom casual. — Bem, o seu tio revogava todas as disposições anteriores e deixava toda a fortuna e património a Cynthis Meraulton.

— Meu Deus! — gritou Willie em voz trémula de raiva. — E foi vendê-lo a Jeremy! Privou Cynthis da fortuna que lhe pertencia para vender o testamento por quatrocentas libras! Tem muitas contas a prestar, Callaghan. Pagará caro, mesmo tendo apanhado umas centenas de libras aos Meraulton.

Callaghan apagou o segundo cigarro e acendeu o terceiro e último. Willie esquecera-se de pegar fogo ao tabaco do cachimbo. Segurava-o com força entre os dentes, não deixando de observar o rosto do detetive.

— Ouvi dizer mais ou menos isso há umas horas — comentou —, Cynthis afirmou que me aproveitei dos Meraulton, mas não liguei ao que disse; dada a forma como pensa, teve direito de dizê-lo.

Engoliu profundamente o fumo até aos pulmões e prosseguiu:

— Mas ninguém se aproveitou dos Meraulton. Obtive deles uns centos de libras, mil cento e oitenta, para ser mais exato. Desta quantia, porém, dei mil libras a Paul em troca da sua confissão e estou disposto a arriscar uma nota de cinco da porcaria das cinquenta que talvez me restem ao finalizar este negócio, se tiver sorte, em como também ele não tirará proveito desse dinheiro. Aposto que sei quem o tem agora.

Willie meteu o cachimbo na algibeira.

— E quem é essa pessoa? — inquiriu em tom algo turvo.

Callaghan fitou-o, sorriu abertamente e declarou:

— Gringall. Aposto tudo quanto quiser em como Gringall deitou a luva a Paul esta noite. Se o fez, revistou-o e descobriu-lhe as notas. Comparará os números com os que lhe forneci à tarde e ficou a saber de onde proveio originalmente todo o dinheiro ou a sua maior parte.

Willie inspirou com força, produzindo um som um tanto sibilante. Callaghan levantou-se e foi encostar-se à parede, por detrás da secretária, de cigarro pendente do canto da boca.

— Você é um tipo diabolicamente esperto, Willie — garantiu o detetive. — Deu-me uma trabalheira quanto a este caso. Julguei-me bastante inteligente, mas sou obrigado a felicitá-lo face à elaboração de um esquema de primeira categoria, dotado de todos os requisitos de um verdadeiro almanaque da cadeia de Newgate.

O tom de Willie permanecia gelado e contundente ao replicar:

— Não sei que quer dizer. Deve estar a arquitetar mais uma das suas ciladas, algum truque idêntico aos que empregou com Cynthis, Jeremy ou Bellamy.

Callaghan consultou o relógio de pulso; eram três horas e dez minutos.

— Tem piada! — gracejou o detetive. — Sou o vilão da história, um indivíduo de péssima fama e você o tipo bonzinho, de reputação sem mácula. Foi isso, porém, que me fez desconfiar de si pela primeira vez. Quando Cynthis Meraulton aqui veio contar-me aquela curiosa história, julguei que fosse ela a assassina. Tal como você desejava que eu pensasse, supus que o senhor desconfiasse da possibilidade de Cynthis cometer o crime e que, portanto, procurasse protegê-la das consequências. Fui nisso e arranjei-lhe um álibi falso. Mas bem depressa me apercebi de ter cometido uma grande asneira, pois cheguei à conclusão de que Cynthis estava inocente, nada tendo que ver com o homicídio. Quando o compreendi, a primeira coisa que perguntei a mim próprio foi por que motivo uma pessoa tão correta como o senhor mandava a mulher por quem estava apaixonado ter com um fulano detestável como eu. Respondo agora à pergunta: você conhecia a minha fama de arranjar álibis falsos. Quando Fingal lhe propôs o meu nome, talvez tenha falado também na minha falta de dinheiro. De facto, na noite em que Cynthis cá veio, há vinte e quatro horas que não comia e há oito que não fumava. Fiquei muito contente por ver dinheiro surgir fosse de onde fosse.

Depois de curta pausa, Callaghan prosseguiu num tom frio:

— Tenho excelente memória, Meraulton. Quando fui procurá-lo no dia seguinte ao homicídio, afirmou-me que a primeira sugestão quanto à ameaça a pairar sobre Cynthis e desencadeada por seus irmãos fora feita alguns dias antes de August Meraulton ser morto. Isso era mentira, porém; tal sugestão não partiu de Cynthis, mas de si. Induziu-a assim a crer na necessidade de que alguém a protegesse, alguém tão esperto como seus irmãos, ou seja, eu. Naquela altura, o senhor disse-me ainda outra coisa: que insistira com Cynthis, há vários dias, para falar comigo. Também isso era mentira. Foi suficientemente esperto para montar um esquema em que Cynthis me procurasse apenas na noite do crime. Dir-lhe-ei porquê.

O detetive deitou no cinzeiro a ponta do último cigarro. Meteu as mãos nas algibeiras e inclinou a cadeira para trás. Willie está curvado para a frente, de mãos enclavinhadas, fulminando o adversário com o olhar.

— Afirmou à pobre rapariga — prosseguiu Callaghan — que eu era o tipo de homem que só me mexeria se visse dinheiro à minha frente. Garantiu-lhe que de nada serviria apresentar-se-me sem ele. Ora bem, quando conversámos no dia seguinte ao homicídio, disse-me que entregara a Cynthis as quinhentas libras logo após ter feito perguntas a Fingal a meu respeito, isto é, dias antes de August ser assassinado.

Callaghan teve um largo sorriso e declarou:

— Mais outra mentira, Willie. Agiu da seguinte forma: levantou as quinhentas libras, meteu-as num sobrescrito e conservou-as no escritório. Possivelmente, Cynthis quis marcar encontro comigo, mas empatou-a com o pretexto de não ter ainda o dinheiro. Só lho mandou no dia em que teve de matar seu tio e bastante tarde. Telefonou nesse dia a marcar a visita de Cynthis de modo a chegar aqui imediatamente a seguir a ter estado em Lincoln's Inn Fields, onde verificou que August Meraulton não aguardava por ela, ao contrário do que haviam combinado.

Callaghan colocou a cadeira na posição normal e continuou:

— Sabia tão bem quanto eu que o facto de Cynthis aqui chegar logo após ter saído de lá a comprometeria aos olhos da polícia.

— Deveras interessante! — comentou Willie, rindo com desenvoltura. — Talvez queira ter a amabilidade de me dizer como sabia eu que Cynthis iria a Lincoln's Inn Fields encontrar-se com o seu querido tio nessa noite.

Callaghan cerrou um pouco as pálpebras, depois dominou a cólera e descontraiu-se.

— Claro que digo — afirmou. — E digo-lhe muito mais. Se se recostar na cadeira e se mantiver calado por minutos, conto-lhe a história do princípio ao fim. Já a conhece, mas talvez lhe seja proveitoso saber que mais alguém está a par dela e que, dentro em breve, todo o país a conhecerá.

Callaghan debruçou-se sobre a secretária e fixou Willie bem de frente. Sorria, mas os seus olhos tinham algo de terrivelmente duro. Willie Meraulton apercebeu-se por instantes da força daquele detetive de cabeleira em desalinho, daquele tipo insignificante que fora empurrado para um caso de homicídio para desempenhar apenas um papel sem importância, mas que acabara por ofuscar todos os outros comparsas, propondo guindar-se a artista principal.

— Há tempos, li uma certa poesia que se chamava *O Carrasco Impaciente* — disse Callaghan. — E ficou-me gravada a passagem que reza assim:

> *Vê como ela rodopia e se contorce em tremenda agonia,*
> *Apalpa o pescoço, minha bela, que te espera o carrasco impaciente.*

— Você trouxe-me à memória esse trecho — prosseguiu Callaghan em voz sinistra. — Imaginou ser o carrasco impaciente, não é verdade? Pensou que colocaria o nó corredio à volta do pescoço de alguém; tanto lhe fazia que fosse de Cynthis ou de Bellamy, contanto que não se tratasse do seu. Isto em sentido figurado, claro. Preparava-se apenas para lhes pôr em redor do pescoço a corda da suspeita, uma suspeita suficientemente boa para fazer que as pessoas, incluindo a polícia, pensassem que qualquer um deles poderia ter cometido o crime, embora não houvesse possibilidade de prová-lo. Tudo correria bem desde que o senhor ficasse de fora. Mas agi de modo a alterar-lhe os planos. No caso Meraulton, há apenas um carrasco impaciente, que sou eu. E confesso-lhe: tenho uma pressa danada!

Com frieza, Willie principiou a gargalhar mansamente. Callaghan deu outra olhadela rápida ao relógio: eram três e vinte. Apurou o ouvido, mas não conseguiu captar o mais ligeiro som. Praguejou intimamente, desejoso de ter à mão outro cigarro.

— Muito bem, Willie — disse o detetive. — Quer ouvir a história, e continuarei a contar-lha, a contar a verdadeira história do homicídio de August Meraulton, muito embora possa estar errado em um ou dois pormenores sem importância. Quanto ao principal, porém, não me engano.

— Tremendamente interessante, Callaghan — comentou Willie com um bocejo. — Mas, antes de encetar a sua dramática narrativa, quero fazer-lhe uma pergunta: pode provar o que diz? Pode prová-lo ou acaso estará a fazer o mesmo que a polícia? Ou seja, a arquitetar meras teorias, na esperança de lhes cair do céu uma prova concludente?

— Neste instante, não posso responder-lhe — disse Callaghan, encolhendo os ombros. — Mas talvez você saiba dar resposta à sua própria pergunta. Entretanto, admitirá, por certo, que é uma boa teoria a seguinte:

»Os Meraulton — Jeremy, Paul, Percival e Bellamy — estão falidos e sem possibilidade de obter dinheiro. O velho August vê neles o diabo, não sendo ele quem lhes dará a massa. Gosta de si, porém e julga-o pessoa de confiança; caso contrário, não lhe permitiria gerir a Meraulton Estates and Trust Company, empresa que lhe administra os bens e o capital.

»Você reveste-se da aparência de bom rapaz, mas, na verdade, não o é. É tão mau elemento como os outros e eles sabem-no. Os quatro irmãos falam-lhe da premência em obterem dinheiro; se não lhes der a massa, põem tudo em pratos limpos a seu respeito. Deste modo, é obrigado a pensar rapidamente e concebe um belo esquema. Induz Paul a adquirir as quatro firmas antigas e a reativá-las e principia então a emprestar-lhes dinheiro. Se August examinar os livros de contabilidade... o que faz ocasionalmente... descobrirá apenas simples transações com as referidas empresas. Como justificativo de saídas de dinheiro, existem falsos documentos de crédito constituídos por certificados, ações e hipotecas adquiridos às empresas citadas.

»Provavelmente você ganha também bastante com o negócio; nem todo o dinheiro subtraído à Meraulton Estates and Trust Company vai parar aos bolsos do quarteto. Aposto que a maior parte reverteu a seu favor.

»Há sempre a probabilidade, claro, de o velhote meter o nariz no assunto e descobrir a tramoia. Mas como sabe da sua falta de saúde, espera que ele morra antes de se aperceber do que se passa. Quando August se finar, regularizará as contas com a parte da herança que lhes couber, a si e a seus irmãos.

»Então, de improviso, o velhote convida-os para jantar e informa-os de que redigiu novo testamento. A não ser que modifique o referido documento, guardado na caixa do relógio que traz consigo, os seus quatro irmãos ficarão na penúria. Aliás, tal decisão constitui um desafio, não só para eles, mas também para si. Nessa altura, segundo creio, August começou já a suspeitar de si; e você terá desconfiado disso, provavelmente.

»Depois, August Meraulton faz uma coisa que comprova a existência de tais suspeitas e declara a Cynthis que não permite que se casem. Isso verifica-se dias antes da sua morte, o que, para si, representa um sintoma de perigo. Compreende que tem de agir depressa. O facto de August haver redigido um novo testamento é um ótimo motivo para qualquer dos seus irmãos eliminar o tio. Portanto, inventa a tal história de Cynthis correr perigo, fala-lhe em mim e aconselha-a a procurar-me logo que disponha do dinheiro para pagamento dos meus serviços, dinheiro que eu insistira em receber antes de iniciar fosse o que fosse.

»Depois fica alerta, vigiando os passos de August com a atenção de um felino e a procurar descobrir as medidas que ele tomará seguidamente; as suas desconfianças a respeito das suspeitas dele podem ser injustificadas e não passarem do produto do seu próprio nervosismo.

Callaghan empurrou a cadeira para trás. Tinha a boca seca e uma ligeira dor de cabeça. Compreendeu de súbito ter vivido nos últimos dias pela força dos nervos, que nesse instante o dominavam por completo. Diante dele, na semiobscuridade, avultava a figura maciça de Willie. Distinguia-lhe a cabeça e o pescoço envoltos na gola do sobretudo erguida e os olhos inusitadamente brilhantes que fixavam os seus sem se desviarem.

— Então, Willie, que tal a minha teoria? — inquiriu o detetive. — Que acha dela?

— Adoro as suas teorias, Callaghan. — replicou Meraulton, sorrindo. — Prossiga. Estou muito interessado.

Callaghan fez um sinal de concordância. O seu sentido auditivo, sob tensão, captou um som ínfimo proveniente da sala contígua. Humedeceu com a língua os lábios secos e rezou para que os ouvidos o não tivessem traído.

— Muito bem — disse. — Nessa altura, tem já tudo preparado e chega o dia do crime. Combina com Cynthis a ida ao teatro mas, de repente, as coisas precipitam-se. August Meraulton telefona-lhe para o escritório e declara-lhe que está a par de toda a tramoia. Acusa-o de vigarista, de embusteiro e de ladrão; dá-se por feliz por haver impedido o seu casamento com Cynthis.

»Provavelmente, representa-lhe então uma cena de teatro. Garante--lhe ter uma explicação plausível para o sucedido e August Meraulton ter-lhe-á ordenado que lhe telefonasse às onze da noite para o escritório secreto de Lincoln's Inn Fields. Depois da conversa telefónica, você pensa nas medidas a tomar. A primeira dúvida que ocorre ao espírito é se August contou ou não a Cynthis o que se passa, dúvida a esclarecer de imediato. Assim, telefona-lhe a perguntar se continua interessada em ir ao teatro. Quando me relatou tal facto, disse-me ter sido Cynthis que telefonou a desmarcar por ter uma enxaqueca; nova mentira. Mentiu fiado na minha intenção de não discutir o assunto com ela. No entanto, não cumpri o que disse e fiquei a saber por Cynthis o que na verdade acontecera. Ora bem, Cynthis diz-lhe que não vai ao teatro, por ter às onze da noite um compromisso de grande importância. Não dá mais explicações, mas isso basta-lhe, pois adivinha que August telefonou à enteada a marcar encontro às onze no escritório de Lincoln's Inn Fields. Calcula também que seu tio nada lhe tenha contado ainda.

»Percebe o que August se propõe fazer: tenciona confrontá-los, a si e a Cynthis, e demonstrar a esta última a sua qualidade de trapaceiro e de ladrão e os motivos por que se opôs ao casamento. Perante isso, tem de tomar certas providências, não será assim? Como sabe da ida de Cynthis a Lincoln's Inn Fields às onze horas, fala-lhe na sua preocupação com a segurança dela e na urgência absoluta em ir falar com Slim Callaghan, mesmo que só pudesse ir depois do compromisso das onze. Diz-lhe que telefonará a marcar a entrevista comigo às onze e um quarto ou às onze e meia e que vai mandar-lhe as quinhentas libras que há uma semana ou mais guarda na gaveta à espera do desenrolar dos acontecimentos.

»Em seguida, entra em contacto com o quarteto Meraulton. Informa os seus irmãos de que o balão está no ar e recomenda-lhes que compareçam no clube às dez menos um quarto, a fim de discutirem o assunto. Reserva uma sala privativa junto à saída lateral do clube. Quando Jeremy, Paul, Percival e Bellamy chegam, põe-nos mais ou menos a par da situação, fala-lhes do próximo encontro de Cynthis com o padrasto em Lincoln's Inn Fields, de onde é previsível advirem complicações. Antes desse encontro, diz-lhes que ainda procurará falar com Cynthis para compor as coisas.

»Depois, deixa a reunião cerca das dez horas, contando com o facto habitual de August sair cedo da casa de Knightsbridge, tomar um táxi e chegar com tempo ao escritório de Lincoln's Inn Fields. Serve-se da porta lateral do clube, dirige-se a Lincoln's Inn Fields no seu próprio carro e deixa-o algures perto daí, onde não dê nas vistas. Em seguida, encaminha-se a pé para o escritório e sobe as escadas. Tal como pensou, August já lá se encontra. São dez e trinta, aproximadamente.

»O seu tio declara-lhe que você está fora da carroça. Exibe-lhe o testamento redigido no papel de cópia dourado e diz-lhe que vai destruí-lo e explica-lhe a razão por que o faz. Mas você tem os seus motivos próprios para não desejar que isso aconteça.

»Assim, não perde tempo. Dá um tiro no velhote, matando-o. Depois pega no corpo, derruba uma cadeira ao fazê-lo, transporta-o pelas escadas abaixo e pela rua escura e passa-o sobre o gradeamento pouco elevado da zona ocidental da praça. Transpõe, por seu turno, esse gradeamento e carrega o corpo através do jardim, indo depô-lo para lá do gradeamento oposto. Entretanto, volta a colocar o testamento dentro da caixa do relógio do morto. No regresso pelo jardim, atira a pistola para o meio dos arbustos. Não se preocupa com as impressões digitais, pois usa luvas.

»Volta ao clube a grande velocidade e chega lá cerca das dez e quarenta. Comunica aos irmãos não ter conseguido encontrar Cynthis e faz com que o imbecil do Bellamy, impaciente por ir encontrar-se com Eulalie Gallicot, lhe prometa que vai a Lincoln's Inn Fields esperar até às onze pelo aparecimento de Cynthis, caso em que lhe telefonará a comunicar a comparência dela. Bellamy concorda em fazê-lo, visto ficar em caminho para casa da amante.

»O seu propósito é o de que Bellamy testemunhe a chegada de Cynthis. Tal facto, aliado à visita que me fará em seguida, comprometê-la-á aos olhos da polícia. Bellamy ver-se-á também implicado ao ser descoberto por Cynthis. Os outros três que, no dia seguinte, adivinharão quem de facto matou August Meraulton, fornecem-lhe um álibi ao garantirem que você não saiu do clube. São obrigados a declará-lo, pois todos defraudam o tio e a Meraulton Estates and Trust Company e, se algo lhe acontecer a si, nada restará para nenhum deles. A ida de Bellamy a Lincoln's Inn Fields pouca importância tem, pois a sua presença não significa forçosamente que seja o assassino. Deste modo, o quarteto está tão dependente de si como você dele.

Callaghan inclinou novamente a cadeira para trás e sorriu a Willie com jovialidade.

— Mas cometeu um erro crasso — declarou —, ao repor o testamento na caixa do relógio. Quando Cynthis veio falar comigo e quando me deram a notícia do homicídio pouco depois, tive a curiosidade de saber se esse testamento desaparecera ou não. Ao verificar que tal não acontecera e ao inteirar-me do conteúdo do documento, interroguei-me quanto ao motivo que qualquer dos irmãos teria para matar o tio sem lhe roubar o papel que iria despojá-los de toda a herança, a reverter inteiramente para Cynthis.

Callaghan levantou-se. Willie manteve-se imóvel, a olhar o detetive bem de frente, respirando a ritmo normal.

— E foi então que compreendi tudo — afirmou Callaghan em voz calma. — Percebi tudo. De repente, vi que o assassino de August Meraulton o tinha matado não para se apoderar do testamento, mas sim para o colocar de novo dentro da caixa do relógio. Entendi também uma outra coisa: se Jeremy, Paul, Percival ou Bellamy tivessem assassinado o tio, teriam feito desaparecer o testamento; era você o único que não o faria.

»Perante isto, pus-me em campo. No dia seguinte, obtive de si mais algum dinheiro. Pensou que estivesse apenas a aproveitar-me das circunstâncias. Que estupidez a sua! Não viu que os números de série das trezentas libras que então me deu se seguiam aos das quinhentas entregues por Cynthis!

»Verifiquei também a numeração das duzentas libras recebidas de Bellamy; pertenciam à mesma sequência. Portanto, verifiquei que o dinheiro proviera de si. Falei com Mayola Ferrival antes de me avistar com o seu irmão, não porque me interessasse de facto conversar com ela, mas sim para que Jeremy tivesse tempo de me pagar com dinheiro saído do bolso do mano Willie.

— Muito interessante — comentou. — Mas, mesmo que o que diz seja verdade, não prova quem matou August Meraulton.

— Certo, Willie — concordou Callaghan com um sorriso. — Muito certo mesmo. Prova apenas que todo esse dinheiro distribuído por si proveio da conta bancária da Meraulton Estales and Trust. Trata-se apenas de desonestidade, de conluio com o propósito de defraudar, mas não de homicídio, como bem diz.

Callaghan inclinou-se para a frente, debruçando-se sobre a secretária e prosseguiu:

— Ora bem, Willie, a minha dedução condiz mais ou menos com a verdade, hã? Admito, contudo, que nada do que disse justifique uma acusação de homicídio. Se a polícia suspeitar de si, terá de suspeitar igualmente de Cynthis e de Bellamy e de todos quantos receberam agravos de August Meraulton.

Depois de uma ligeira pausa, o detetive prosseguiu:

— No entanto, guardo ainda um trunfo na manga. Como lhe disse, sou o carrasco impaciente e agirei como tal. Sou alguém capaz de provar que matou August Meraulton, a única pessoa que tem provas disso. E prová-lo-ei se...

— Se...? — interrompeu Willie em voz calma.

— Se não me entregar dez mil libras — concluiu Callaghan com um sorriso. — Vale a pena, não vale?

Capítulo 15

Àquele que espera

Willie levantou-se. Tirou as mãos dos bolsos e ficou de pé em frente da secretária de Callaghan, o rosto um pouco acima do foco luminoso do candeeiro. O detetive, instalado na cadeira apoiada no chão apenas sobre as duas pernas posteriores, distinguia-lhe o rosto vagamente.

Willie continuava a mostrar-se descontraído. Os braços pendiam--lhe ao longo do corpo, as mãos abertas e os dedos soltos e um pouco dobrados, numa postura natural isenta de nervosismo. Tinha bastante domínio sobre si próprio e não se deixava intimidar com facilidade. Permaneceu assim por momentos e depois voltou a sentar-se.

No ambiente, reinava silêncio quase absoluto. Callaghan imaginou ouvir o tiquetaque do relógio de pulso e as batidas do próprio coração.

— Sempre chantagista! — observou Willie com calma. — Por vezes, há necessidade de levar a sério os chantagistas, pois podem mostrar-se perigosos. No entanto, dez mil libras é muito dinheiro, em especial tratando-se de um perito em *bluff* como o senhor.

Callaghan encolheu os ombros e replicou:

— Não vejo onde o *bluff* tenha aqui cabimento. Afirmei-lhe que tinha uma teoria, uma teoria válida; expliquei-lha e agora fará o que entender. É-me indiferente.

— Compreendo, compreendo — disse Willie vagarosamente. — Não me acusa de homicídio, de modo nenhum. Dá apenas rédeas à sua imaginação, claro.

— Também não diria tanto — retorquiu o detetive a sorrir com agrado. — Ponhamos o assunto nestes termos: se receber as dez mil libras então tratar-se-á de uma mera teoria, uma teoria que esquecerei de imediato assim que tiver o dinheiro. Se as não receber, verificarei se a teoria se poderá transformar em algo de mais palpável. Talvez Gringall queira tentar resolver um quebra-cabeças tão aliciante como este.

— Aliás, já falou com Gringall — fez notar Willie. — Forneceu-lhe o número de certas notas de banco e, possivelmente, deu-lhe ainda outras informações.

— Nem mais uma sequer — garantiu Callaghan. — Falei-lhe nas notas porque, de uma maneira ou de outra, acabaria por obter a informação. No entanto, em determinadas circunstâncias, o conhecimento que Gringall tem relativamente ao dinheiro não o prejudicará a si de forma alguma...

— Ah, não?! — admirou-se Willie, erguendo o sobrolho. — Mas suponhamos, apenas a título de hipótese, claro, que é verdadeira a sua história sobre os fundos emprestados às quatro empresas falsas. Isso não me implicaria na fraude, deixando de lado, por agora, o assunto do homicídio de August Meraulton?

— Não necessariamente — objetou Callaghan, que continuava a sorrir. — Auguste Meraulton está morto e não pode testemunhar. Só o colocou a si na administração dos negócios. Imaginemos que você diz em tribunal que August estava a par da sua atuação e que concordava com ela? Seria impossível provar que mentia. Bastava que alguém corroborasse a afirmação, alguém como Cynthis, por exemplo.

Os lábios de Willie abriram-se no ligeiro sorriso.

— Você é de facto um tipo muito esperto, Callaghan — elogiou. — Penso às vezes que o subestimei. Mas deixemos isso e regressemos ao assunto das dez mil libras. É, na verdade, uma quantia de grande monta. Julgo, porém, que a Meraulton Estates não terá grande dificuldade em obtê-la. Todavia, o problema é o seguinte: quem vai receber a Meraulton Estates?

— A resposta é fácil — asseverou Callaghan. — Cynthis Meraulton. Lembre-se de que li o testamento e posso jurar que a herança lhe pertence. Apesar de Jeremy ter destruído o documento, provarei que o testador desejava que o seu património revertesse a favor da enteada e aposto que o advogado corroborará tal afirmação.

Callaghan fez uma pausa e olhou Willie nos olhos.

— A não ser que... — prosseguiu o detetive. — A não ser que August Meraulton tivesse redigido outro testamento, um testamento posterior e estabelecesse disposições diferentes.

— Muito interessante — comentou Willie. — Mas voltemos ao assunto da teoria. Estou disposto a concordar não ser nada má a sua teoria acerca do homicídio do meu tio. Estou mesmo disposto a crer que, se acaso a propusessem a Gringall, ele procuraria tirar partido dela. Mesmo assim, existem leis no país e é necessário haver provas contra os homicidas. A acusação tem de provar sem sombra de dúvida que o réu praticou o crime. Apesar das informações de que pensa dispor e que de forma excelente aplicou na sua teoria, não vejo como Gringall possa provar que matei Meraulton.

»Deixe que lhe exponha o reverso da questão. Tal como muito bem disse, Jeremy, Percival e Paul provarão que estive com eles no clube durante o intervalo de tempo em que ocorreu o homicídio. Pelo contrário, duvido que Cynthis consiga provar o que fez no momento do crime. A criada, que permaneceu na cozinha desde as dez às onze da noite, afirma desconhecer a hora a que a patroa saiu, podendo ter-se ausentado a qualquer momento entre as dez menos um quarto e as onze horas.

»É certo que a Bellamy viu Cynthis em Lincoln's Inn Fields às onze e que o assassínio já fora cometido a essa hora, mas isso não iliba Cynthis. Mesmo que se prove que foi à garagem buscar o carro muito perto das onze, isso não constitui uma prova cabal, pois dispôs ainda do tempo suficiente para chegar a Lincoln's Inn Fields, cometer o crime e regressar à garagem para ir buscar o veículo.

»E há outro ponto, lastimo dizê-lo. Como deve estar lembrado, fui ao apartamento de Cynthis e trouxe comigo a caixa de balas que encontrei. Recorde-se de que uma das balas caiu da embalagem e você guardou-a. Receio que esse facto constitua uma prova acessória de grande importância contra Cynthis, pois não duvido de que a criada, sob juramento, diga a verdade.

— Não dirá a verdade porque não sabe qual é — contrariou Callaghan, continuando a sorrir. — Eu sei, porém: você levou a caixa das balas para casa de Cynthis. Tinha-a no bolso e, enquanto fingia revistar as gavetas, deixou cair uma bala, deliberadamente, à espera que Gringall a achasse. Depois mostrou a caixa à criada, simulando tê-la encontrado nesse instante. Levou-a consigo sob o falso pretexto de eliminar outra prova contra Cynthis. Lembra-se de lhe ter telefonado a felicitá-lo pelo trabalho feito? Foi de facto um belo trabalho, mas não no sentido que imaginou e sim por me demonstrar conclusivamente que o senhor era o assassino.

— Talvez lhe tenha provado isso — observou Willie. — Mas o testemunho da criada não fornecerá provas sobre tal ponto; julga que encontrei as balas na gaveta e di-lo-á. Aos olhos da lei, o facto reverterá a meu favor e não contra mim, não acha?

Callaghan fez um gesto afirmativo.

— Acho, sim, Willie — afirmou. — Lamento ter de concordar consigo...

— Como vê, dir-se-á não existirem provas — fez notar Willie. — E, tal como já disse, dez mil libras é muito dinheiro. Dentro de um minuto, terá de reduzir a quantia para metade.

— Muito bem — replicou Callaghan. — Apresento-lhe então outra achega. Quando falei consigo no dia a seguir ao assassínio, perguntei-lhe quem seria o autor mais provável do crime e nomeou Bellamy. Depois confessei-lhe o meu intuito em armar aquela pequena manigância com o chapéu. Fiz perguntas sobre os chapéus usados por August e você soube o que me propunha fazer. Tive o cuidado de referir que visitaria Bellamy nessa tarde. Para tanto, tomei um táxi e ninguém me viu ir a casa dele. Mais ninguém sabia da minha ida. Contudo, Gringall mandou um carro-patrulha seguir-me e apanharam-se à hora certa e no local certo. Porquê? Porque alguém fez um telefonema anónimo para a Yard a dizer que Slim Callaghan iria visitar Bellamy.

»Assim, Gringall chegou à conclusão precipitada de que Bellamy tinha algo que ver com o crime ou que teria comigo alguma relação. Caçou-me com o objetivo de me fazer uma série de perguntas e de me colocar numa posição em que tive de lhe dizer precisamente aquilo que você pretendia que eu dissesse. Em resultado disto, Gringall deteve Bellamy sob a acusação de consumo de estupefacientes para obrigá-lo a falar. Bellamy fê-lo e, tal como acontecera comigo, também disse exatamente o que você queria que dissesse: que vira Cynthis em Lincoln's Inn Fields às onze horas.

»Este facto, aliado à ida de Cynthis ao meu escritório a fim de se munir de um álibi falso, como Gringall terá pensado, tornaria as coisas bem mais feias para ela, não é verdade?

Willie concordou jovialmente, dizendo:

— Um raciocínio muito lógico, Callaghan. Mas prova que fui eu que telefonei à polícia? Qualquer pessoa o pode ter feito. Effie Perkins já uma vez telefonara à Yard a propósito de um certo assunto. Talvez mais alguém soubesse da sua intenção de visitar Bellamy. Receio bem que a história não pegue, Callaghan.

Willie tirou do bolso a cigarreira e serviu-se de um cigarro. Estendeu-a a Callaghan, que abanou a cabeça em sinal negativo. Willie acendeu o cigarro e aspirou o fumo profundamente. Dir-se-ia quase alegre.

— Não, Callaghan — observou. — Receio bem que as suas teorias não passem disso mesmo. Não há um mínimo de prova em tudo o que diz. E acho que nem sequer considerarei a hipótese de abdicar de dez mil libras por uma coisa que, no máximo, valerá quinhentas, se tanto.

— Ah, não?! — inquiriu o detetive.

A voz de Callaghan mudara de tom. Inclinou-se sobre o tampo da secretária. Tinha um brilho de dureza no olhar e o indicador, apontado acusativamente para Willie Meraulton, varava o feixe luminoso do candeeiro tal como a lâmina de uma baioneta.

— Escute, seu maldito assassino de meia-tigela! — invetivou. — Vai largar as dez mil libras, olá se vai, e dar-se ainda por muito feliz!

E digo-lhe por que motivo mas pagará para eu ficar calado. Falou e gostou de falar, mas falou demais. Esqueceu-se de uma pequena coisa, no entanto, e isso por se ter recusado a pensar nela. Esqueceu-se porque, quando lhe telefonei hoje à noite, julgou que eu estivesse a fazer *bluff*. Pensou que eu descobriria algo por acidente, algo impossível de comprovar, mas que utilizaria para fazer *bluff* e extorquir-lhe dinheiro.

Willie inclinou-se para diante. A sua expressão modificara-se de repente e tornou-se impenetrável. Os olhos fixos em Callaghan luziam com brilho reptiliano.

— Disse-lhe há pouco — prosseguiu o detetive em tom de intensa e inflexível monotonia —, que o facto de o assassino de August Meraulton o ter matado a fim de recolocar na caixa do relógio o testamento me provou ter sido você o autor do crime.

Callaghan riu de novo, mas um riso sem alegria. Voltou a inclinar a cadeira, equilibrando-a sobre as pernas de trás e fitou Willie com à-vontade. Os seus dedos, porém, tensos e contraídos, agarravam com força os braços do assento.

— Que provas? — continuou. — Muito bem, então vou apresentar-lhas. Farei em pedaços todas as teorias baratas que ambos aqui arquitetámos esta noite. Pelo meu silêncio, verá que dez mil libras representam uma verdadeira pechincha.

Callaghan fez uma pausa. Passou a língua pelos lábios ressequidos. Rezou intimamente para que, chegado que fora o momento crucial, não cometesse nenhum deslize e apresentasse a mentira — o seu palpite — de maneira correta.

— Havia um só motivo para querer repor o testamento na caixa do relógio — disse Callaghan. — Ou seja, a imperiosidade de Cynthis receber a herança. Depois, com o desaparecimento do seu tio, ficava livre de casar com ela quando quisesse. E a herança iria para si, mesmo que Cynthis fosse suspeita, condenada e enforcada. Repôs o testamento na caixa do relógio por planear o casamento com Cynthis e pelo facto de existir um testamento posterior, elaborado na tarde ou mesmo na noite do crime, documento que cancelava os redigidos anteriormente, incluindo o escrito à máquina no papel de cópia dourado.

»Quando foi ter com o seu tio ao escritório, ele exibiu-lhe o testamento escrito no papel de cópia e comunicou-lhe ter redigido outro. Mostrou-lho, dizendo haver explicado no novo documento os motivos da alteração, isto é, a desonestidade de todos os sobrinhos. Segundo este último testamento, Cynthis herdaria todos os bens desde que não casasse consigo. August tinha o testamento ali, em frente dele, para o mostrar à enteada e provar-lhe a sua traição e a sua desonestidade.

»Matou seu tio, apoderou-se do testamento, destruiu-o e recolocou depois na caixa do relógio o testamento anterior que deixava tudo a Cynthis sem quaisquer cláusulas restritivas. No entanto, como acontece com todos os assassinos, cometeu um erro que o levará ao patíbulo. Quer que lhe diga qual?

Willie não respondeu, enquanto continuava a fixar o detetive.

— Infelizmente para si, não teve tempo para revistar o escritório após matar August Meraulton — prosseguiu Callaghan. — Se tivesse tido tempo, se tivesse a sensatez de efetuar uma busca ao local, teria descoberto a cópia assinada do documento. Depois de deixar a morgue, dirigi-me ao escritório de Lincoln's Inn Fields — mentiu Callaghan com facilidade. — A polícia ainda lá não fora e pude passar-lhe revista. E descobri o duplicado do testamento! Tenho-o aqui comigo.

Deixou cair a cadeira para a frente e levantou-se, indo encostar-se à parede, na sua postura favorita. Apontando a gaveta da secretária, declarou:

— Nesta gaveta, está o duplicado do testamento de August Meraulton; o testamento que relata a história completa da sua vigarice; o testamento que fala da sua ida ao escritório para um confronto com a sua noiva; o testamento que prova ser o assassino de August Meraulton. Então, recebo ou não as dez mil libras?

Willie pôs-se de pé lentamente. Um esgar distorcia-lhe os lábios.

— Não, não recebe — declarou num tom de voz peculiar. — Sabe demais, Callaghan. Isso não importa, porém. Ficarei com esse testamento e obtê-lo-ei de graça. Matei August Meraulton, mas só uma pessoa pode prová-lo: você. E não correrei o risco de ser alvo da sua chantagem por toda a vida. Só tenho um caminho a seguir.

Levou a mão ao bolso e o detetive sorriu.

— Muito bem, Willie — disse Callaghan. — Já fez o que eu queria: confessou o crime. Talvez lhe interesse saber que tenho aqui a funcionar um gravador ligado à outra sala. Gringall tem estado a ouvir a nossa conversa. Que tal, hã!? Entretanto, talvez queira dar uma vista de olhos ao testamento de seu tio.

Willie tirou a mão do bolso. Ao mesmo tempo, ouviu-se um som no gabinete exterior. Willie virou-se de repente e depois tornou a encarar o detetive, que abrira a gaveta da secretária de onde retirava o sobrescrito.

— Venceu, Callaghan — disse Willie. — Espero que lhe faça bom proveito.

Callaghan viu a pistola automática na mão de Meraulton. Dominou-se e abriu o sobrescrito. Por uma fração de segundo, perpassou-lhe na mente a imagem da primeira noite do caso Meraulton, a noite em que Cynthis ali se sentara em sua frente.

Willie disparou no momento em que Gringall irrompia pela porta de comunicação entre as duas salas. Callaghan oscilou por instantes ao ser atingido e depois abateu-se sobre a secretária, um fio de sangue a escorrer-lhe do canto da boca.

O punho de Gringall foi embater contra o rosto de Willie, esticando-o no pavimento. Depois, o inspetor deu um pontapé na pistola, o que a arremessou para o canto da sala, e algemou o agressor.

— Telefona a chamar uma ambulância, Fields — ordenou Gringall em tom brusco.

Callaghan jazia sobre a secretária, os dedos a remexer no sobrescrito. À aproximação de Gringall, conseguiu retirar dele as duas folhas de papel de jornal e exibi-las para o inspetor.

Willie, de rosto lívido, viu-as também quando Callaghan deslizava para o chão endereçando-lhe um último sorriso.

Callaghan abriu as pálpebras e os seus olhos percorreram o compartimento. Um vislumbre de sol de inverno penetrava através das vidraças. De algures na vizinhança, chegava até ele a música de um realejo que tocava na rua.

A enfermeira entrou no quarto.

— Há duas cartas para si, Sr. Callaghan — anunciou. — Mas leia-as devagar. E, outra coisa: informaram-me do seu pedido de cigarros. O cirurgião proibiu-o de fumar, pelo menos durante os próximos dois meses. Tem problemas de garganta, além de problemas pulmonares. Neste hospital, doentes como o senhor estão absolutamente proibidos de fumar.

— Que pena! — lastimou-se o detetive.

Recostou-se na armação existente atrás dele, pegou nas cartas e concentrou-se na difícil tarefa de abri-las. Com um sorriso jovial, a enfermeira desapareceu.

Callaghan conseguiu abrir a primeira carta. Fora remetida da New Scotland Yard e estava endereçada a *Slim Callaghan, Esq., Callaghan Investigations, Samaritan Hospital, W.C.* Dizia assim:

Exmo. Senhor Callaghan,

Recebi instruções do Comissário da Polícia Metropolitana no sentido de lhe transmitir os agradecimentos do referido senhor pela cooperação e auxílio prestados no caso do homicídio de August Meraulton. Pensa o Comissário que, desde início, o seu objetivo foi o de apoiar as autoridades por todos os meios de que dispunha e que qualquer eventual procedimento irregular foi mais do que justificado face aos resultados obtidos. O Comissário incumbiu-me também de lhe apresentar sinceros votos de franca recuperação do ferimento recebido.

Com cumprimentos,

W. J. R. Gringall
Inspetor-Detetive

A acompanhar a carta do Comissário, havia uma breve nota pessoal do inspetor:

Caro Slim:

Incluo na presente uma carta formal de agradecimentos do Comissário da Polícia. Fiquei muito satisfeito por saber que se encontra livre de perigo. Irei vê-lo um destes dias e teremos oportunidade de conversar. Talvez me inteire de algo que ainda desconheça.

Felicidades,

Jigger

Callaghan sorriu. Tinha piada a vida! Tudo podia acontecer quando graduados da polícia desatavam a escrever cartas de agradecimento à Callaghan Investigations!

Abriu a segunda missiva, que dizia o seguinte:

Exmo. Senhor,

Como testamenteiro do património do falecido August Meraulton em conjunto com Miss Cynthis Meraulton, estou neste momento em vias de legitimar o testamento roubado por William Meraulton e redigido no dia da morte do testador. Encontrou-se uma cópia do referido testamento no escritório de Lincoln's Inn Fields. Efetuo também uma auditoria geral a fim de avaliar a posição presente da Meraulton Estates and Trust Company Limited e das empresas associadas.

Relativamente aos desfalques perpetrados por William Meraulton (o qual, como deve ter sabido, foi ontem declarado culpado de homicídio na pessoa de August Meraulton e de homicídio frustrado contra o senhor, sendo condenado à morte) e a outras irregularidades na administração da companhia, tanto eu como Miss Meraulton consideramos necessário realizar o exame completo das circunstâncias que porventura exijam um inquérito a Jeremy, Paul e Bellamy Meraulton e a outras pessoas eventualmente envolvidas no caso. Estes senhores, neste momento detidos, concordaram em prestar esclarecimentos completos, mas é imprescindível investigar as atividades desenvolvidas durante certo período pelas quatro firmas criadas por Paul Meraulton.

Consequentemente, por recomendação do inspetor-detetive Gringall, gostaríamos de que, quando se encontrar inteiramente restabelecido, a Callaghan Investigations se incumbisse do caso. Dentro de algumas semanas, esperamos poder contactá-lo a respeito do referido assunto.

Com os meus cumprimentos,

H. A. S. Gazeling
Testamenteiro

Callaghan deixou cair a carta sobre o leito. Ao erguer a vista, os seus olhos encontraram os de Cynthis Meraulton.

Estava aos pés da cama, a observá-lo. Vestia de preto e os raios de sol que atravessavam a janela tornavam mais viva a mancha de cor do ramo de flores que trazia consigo. Callaghan sorriu.

— Belo dia, segundo parece! — comentou o detetive. — Não se quer sentar? A Callaghan Investigations oferece sempre uma cadeira aos clientes, mesmo que não lhes ofereça mais nada.

Cynthis passou para o lado da cama, indo depor as flores sobre a mesa.

— O senhor é incorrigível, Callaghan — constatou ela. — Nem uma bala no peito parece afetar-lhe o sentido de humor.

Sentou-se e Callaghan desejou que cruzasse as pernas para melhor lhe admirar os pés; recordara-se deles antes de adormecer por efeito da anestesia.

— Pouca diferença fará o que eu disser, não é verdade? — perguntou Cynthis. — Tudo quanto posso dizer é que nunca fui capaz de imaginar, em momento algum, quais as suas intenções ou o que lhe ia em mente. Foi-me impossível descobrir que, afinal, era uma pessoa magnífica sob a capa de um indivíduo detestável.

Callaghan ergueu o sobrolho e replicou:

— Acho que me interpretou mal. Limitei-me a lidar com o caso Meraulton em conformidade com o desenrolar dos acontecimentos. Foi apenas uma daquelas coisas...

— Apenas uma daquelas coisas!? — interrompeu Cynthis, que sorria e abanava a cabeça. — Gringall contou-me que você estava a par do intuito de Willie de matá-lo; disse-lho na carta que lhe mandou para a Yard, embora o inspetor não tenha acreditado. Afinal, sempre era verdade. Por que motivo se arriscou assim? Não havia dinheiro envolvido no caso, pois não?

— Todo o homem tem a sua fraqueza — retorquiu Callaghan, sorrindo. — Possivelmente, a minha são os tornozelos bonitos; devem ter sido os seus.

Junto à janela, Cynthis olhava para o exterior.

— Gazeling comunicou-me que lhe pediria para se encarregar da investigação do património Meraulton. Aceita o encargo? — inquiriu. — Ou quer continuar estúpido e orgulhoso, a fumar excessivamente e a subir todos os dias quatro lanços de escada até ao seu escritório poeirento?

— Nunca mais! — exclamou o detetive. — Ocupar-me-ei da investigação. E, quando terminar, desapareço. Consultei panfletos de companhias de navegação e os países exóticos chamam-me.

— Bem, vou andando — disse Cynthis ao levantar-se. — Recomendaram-me que não me demorasse mais de um ou dois minutos. Lastimo que queira ir-se embora.

Inclinou-se sobre a cama e beijou Callaghan na boca.

O detetive pareceu adequadamente escandalizado.

— Se soubesse disto, não lhe teria cobrado um tostão — ironizou. — Nem sequer para as despesas.

— *Au revoir*, Slim — despediu-se ela. — Sei tudo a seu respeito e a respeito disso. E sei ainda que não irá embora.

Callaghan ergueu as sobrancelhas interrogativamente.

— Não vou?! — admirou-se. — Como sabe?

Já a encaminhar-se para a saída, Cynthis respondeu:

— Porque afirmou gostar dos meus tornozelos e porque, certa vez, disse também que a Callaghan Investigations nunca deixa ficar mal os clientes.

Saiu e fechou a porta.

Callaghan, espreitando pela janela, viu surgir o Sol por detrás de uma nuvem de inverno.